二战风云
震撼博览

史诗巨著
全彩呈现

元帅韬略

第二次世界大战著名元帅

胡元斌 严 锴 主编

台海出版社

前言 PREFACE

  1937年7月7日，驻华日军在卢沟桥悍然向中国守军开炮射击，炮轰宛平城，制造了震惊中外的"七七事变"，中国的抗日战争全面爆发。1939年9月1日，德国入侵波兰，第二次世界大战正式开始。1945年9月2日，日本签署投降书，第二次世界大战宣告结束。

  这是人类社会有史以来规模最大、伤亡最惨重、造成破坏最大的全球性战争，也是关系人类命运的大决战。这场由德、意、日法西斯国家的纳粹分子发动的战争席卷全球，世界当时人口总数的80%20亿人口受到波及。这次世界大战把全人类分成了两方，由美国、苏联、中国、英国、法国等国组成的反法西斯同盟国与由德国、日本、意大利等国组成的法西斯轴心国，进行对垒决战。全世界的人民被拖进了战争的深渊，迄今为止这是人类文明史上绝无仅有的浩劫和灾难。

  在这场大战中，交战双方投入的兵力和武器之多、战场波及范围之广、作战样式之新、造成的损失之大、产生的影响之深远都是前所未有的，创造了许多个历史之最。

  第二次世界大战的胜利具有伟大的历史意义。我们历史地、辩证地看待这段人类惨痛历史，可以说，第二次世界大战的爆发给人类造成了巨大灾

难，使人类文明惨遭浩劫，但同时，第二次世界大战的胜利，也开创了人类历史的新纪元，给战后世界带来了广泛而深远的影响。促进了世界进入力量制衡的相对和平时期；促进了一些殖民地国家的民族解放；促进了许多社会主义国家的诞生；促进了资本主义国家的经济、政治和社会改革；促进了世界科学技术的进步；促进了军事科技和理论的进步；促进了人类认识史上的一场伟大革命；促进了世界人民对和平的深刻认识。

第二次世界大战的胜利也是世界人民反法西斯战争的胜利，成为20世纪人类历史的一个重大转折，它结束了一个战争和动荡的旧时期，迎来了一个和平与发展的新阶段。我们回首历史，不应忘记战争给我们带来的破坏和灾难，以及世界各个国家和人民为胜利所付出的沉重代价。我们应当认真吸取这次大战的历史经验教训，为防止新的世界大战发生，维护世界持久和平，不断推动人类社会进步而英勇奋斗。

这就是我们编撰《第二次世界大战纵横录》的初衷。该书综合国内外的最新研究成果和最新解密资料，在有关部门和专家的指导下，以第二次世界大战的历史进程为线索，贯穿了第二次世界大战的主要历史时期、主要战场战役和主要军政人物，全景式展现了第二次世界大战的恢宏画卷。

该书主要包括战史、战场、战役、战将和战事等内容，时空纵横，气势磅礴，史事详尽，图文并茂，具有较强的历史性、资料性、权威性和真实性，非常有阅读和收藏价值。

目录 CONTENTS

元帅韬略

第二次世界大战著名元帅

艾森豪威尔

德怀特·戴维·艾森豪威尔，美国陆军五星上将。1942年担任实施北非登陆的盟军最高司令，率领美英联军10余万人分三路在法属北非殖民地登陆。1943年，指挥西西里战役。1944年6月至8月，组织"霸王"作战行动，指挥诺曼底战役。第二次世界大战结束后，艾森豪威尔任美国驻德占领军司令。

战争爆发

出任作战部长

　　德怀特·戴维·艾森豪威尔，1890年10月14日出生于美国得克萨斯州的丹尼森，1892年随全家迁往堪萨斯州的阿比林。

　　1911年，艾森豪威尔考取美国海军学院，却因超龄而未被录取；后经该州参议员推荐，考入美国西点军校。艾森豪威尔在校期间并非模范学员，学习成绩中等，但他注重交际，热衷于橄榄球运动。可以说，正是军校体育运动培养和发挥了他的组织领导才能。因西点军校1915届毕业班在第二次世界大战中有58人晋升为将军，故人们称之为"将星云集之班"。

　　1915年，艾森豪威尔从西点军校毕业并获得少尉军衔，旋即赴得克萨斯州圣安东尼奥任职。

　　1917年4月，美国参加第一次世界大战对德国宣战之时，又晋升为上尉。战争时期留在国内任训练教官。

　　1918年6月，艾森豪威尔晋升为少校临时军衔。

　　1921年，艾森豪威尔又从陆军坦克学校毕业。1922年，被调往驻巴拿马的第二十步兵旅任参谋。旅长福克斯·康纳将军认为他很有发展前途，遂不惜时间和精力加以培养：讲授军事理论和军事历史，指导战术制定。

　　1923年，艾森豪威尔经康纳帮助而进入陆军指挥与参谋学校(现为陆军指挥与参谋学院)学习。1926年，以第一名的成绩毕业后又经康纳介绍赴法国进行战场考察。1927年至1928年，艾森豪威尔在陆军军事学院深造。1929年，赴陆军部助理部长办公室任职。1933年，改任陆军参谋长麦克阿瑟的助理。

　　1940年2月，艾森豪威尔调到驻加利福尼亚的第十五步兵团任职，11月

升任第三师参谋长。1941年3月，升为第九军参谋长。

1941年8月至9月间，艾森豪威尔负责指挥路易斯安那的军事演习。这是美军进入战争之前举行的规模最大的军事演习。此时的陆军参谋长马歇尔坚持进行这样大规模的战争演习，因为他想找出训练中的不足和装备上的缺陷，也因为他需要去发现军官中有才能的人。

艾森豪威尔渴望得到这次考验。这是自1918年以来，美国投入"战场"最大的一支部队，比南北战争时规模最大的格兰特军队大两倍。

艾森豪威尔为了筹划这次军事演习几乎几天没睡觉。他发现连、排领导不称职，这使他很伤脑筋。于是，他花了很多时间，从一个单位跑到另一个单位，这里作指示，那里下命令。当可能时，用表扬来鼓励年轻的中尉和上尉，当需要时，也进行批评。

他对他们"愚蠢地不顾空

艾森豪威尔（雕像）

袭的危险"、忽视必要的伪装的倾向、蹩脚的交通管理能力感到恼怒。每天清晨,他把主要负责的军官们召集在一起进行讲评。他清楚地知道,实际的作战会更艰苦。

在军事演习期间,参谋长的帐篷成了"高谈阔论的场所",每一个人都到这里来发表见解或发牢骚。艾森豪威尔总是欢迎他们这样做。他把虚心听取各方面意见、不断改进工作方法,作为他的领导艺术的主要部分。

通过这场军事演习,艾森豪威尔的声誉提高了。参加演习的第三集团军按照艾森豪威尔制订的计划,包抄了第二集团军,迫使其撤退。

1941年9月,艾森豪威尔晋升为准将,虽然这是临时任命,一时间祝贺信件和卡片也像雪花一样纷至沓来。这次晋升,使得艾森豪威尔举手向国旗致敬的照片在全国流传开来。美国人民以及新闻界开始发现,艾森豪威尔是全国甚至是全世界最上镜的人物之一。

1941年12月7日星期天早晨,艾森豪威尔到办公室去处理完日常文件。大概中午时分,他对副官欧内斯特·李说:"我太累了,我想回家睡一会儿。不管谁来的电话,都不要接。我想安安静静地休息一会儿!"

不到一个小时,艾森豪威尔床头的电话就响了。熟睡中的艾森豪威尔恼怒地抓起话筒,话筒里传来副官惊慌失措的声音:"先生,珍珠港被轰炸了。"

早在1941年7月,日本开始向东南亚发动攻势,占领了印度支那,其中包括在金兰湾的重要港口,它距新加坡不到1000千米。华盛顿方面认为,这是日本向菲律宾、马来西亚和荷属东印度群岛发动进攻的序幕。

在美国实行禁运之后,英国人和荷兰人也紧接着拒绝向日本出售石油。然而,罗斯福并不想马上与日本断绝关系,为了缓和双方关系,美日仍在继续谈判。

10月23日,日本内阁首相东条英机召开军政要员联络会议,集中讨论了有关日本与美国谈判的问题和同美国开战的前景。为了缓和同美国的关系,东乡茂德外相主张最好从中国部分撤军,但却遭到军方的强烈反对。

　　会议相持不下，东条英机随即提出三种方案让大家裁决。一是即使蒙受巨大的困苦，就是"卧薪尝胆"，也要避战；二是立即决定开战；三是在继续谈判的同时，做好必要时开战的准备。

　　日本陆军总参谋部坚持认为，与美国谈判已进入死胡同。于是，陆军参谋总长杉山元主张应在12月初开战，不过仍要继续同美国谈判，玩弄外交骗局，以便给日本带来军事上的好处。

　　而开战的首要前提是，成功偷袭美国在太平洋的海军基地珍珠港。为了确保这次偷袭成功，日军大本营采取了大量的欺骗和伪装措施，并进行了周密的组织准备。

　　1941年11月6日，山本五十六就根据东条英机的指示发布联合舰队绝密的作战命令。11月10日，特遣舰队司令南云忠一发布了他实施山本五十六计划的第一号命令。

　　12月7日清晨，珍珠港风和日丽。当天，美国太平洋舰队泊港舰只共86艘，其中战列舰8艘、巡洋舰7艘、驱逐舰28艘、潜艇5艘。瓦胡岛上各机场共停放飞机387架。舰上的水兵有的刚刚起床，有的在用早餐或在甲板上散步。

　　7时30分，一个水兵发现有20架飞机向珍珠港飞来，他认为可能是进行演习的飞机而没有在意。稍后，有人看见一架飞机从北低空飞过福特岛，并听到一声爆炸，人们仍认为是一次什么事故。

　　直至日机对美军机场和舰只实施集中突击时，珍珠港的美军才如梦初醒，看清了飞机的标志，发出了警报。福特岛美军司令部广播："飞机袭击珍珠港，不是演习！"

　　日军经过约两个小时的狂轰滥炸，共炸沉炸伤美军各种舰艇40余艘，其中炸沉战列舰5艘、巡洋舰1艘、驱逐舰2艘；炸伤战列舰3艘、巡洋舰3艘、驱逐舰1艘、辅助舰5艘。击毁飞机260余架，毙伤美军3500余人。

　　日军仅损失飞机29架，潜艇6艘。

　　但是，日军这次突然袭击并未完全达到预定的目的。首先，突袭的主要目标美国太平洋舰队的3艘航空母舰当天不在港内。其次，日军飞机忽视了对

修船厂和油库的破坏，这些设施对美国太平洋舰队尔后的恢复和作战活动都起了很大作用。

担任日舰主攻任务的南云忠一，在两次攻击得手之后，已是大喜过望，他拒绝了实施第三波轰炸的建议，匆忙收兵溜回日本。

12月8日上午，罗斯福总统身披蓝色海军斗篷，乘车来到国会大厦，要求向日本宣战。

罗斯福总统向美国参众两院发表讲话，在讲演最后要求国会宣布：

自1941年12月7日星期日，日本发动无端的、卑鄙的进攻时起，美国和日本帝国之间已处于战争状态。

参议院以82票对0票，众议院以388票对1票通过了罗斯福的宣战要求。从此，美国正式参加了第二次世界大战。

1942年2月，马歇尔将作战计划部改组为美国陆军的最高指挥机构——作战部，并于3月任命艾森豪威尔为作战部部长。

此后不久，艾森豪威尔奉马歇尔之命拟制欧洲盟军联合作战计划。艾森豪威尔认为，美军应以欧洲与大西洋战场为主要战略方向，先将美军的主要兵力兵器向英国集中，再横渡海峡突向欧陆。

1942年5月，艾森豪威尔奉命赴伦敦考察军事形势和未来驻欧美军的编制问题。6月，在呈交考察报告《给欧洲战区司令的指令》后被任命为欧洲战区美军司令，重返伦敦。7月，晋升为中将。

受命北非
展示军事才华

　　1942年7月，鉴于北非英军及远东美军接连受挫和丘吉尔的极力要求，美英决定发动北非战争。8月，艾森豪威尔被任命为实施北非登陆的盟军最高司令。

　　盟军司令部设在伦敦，根据美英联合参谋长会议的指示制订作战计划。作战计划要点是：盟军特遣部队在法属北非的阿尔及尔、奥兰和卡萨布兰卡实施登陆，代号"火炬"，占领沿海主要港口，然后由阿尔及尔登陆部队向东抢占突尼斯，再待机与北非英军协同作战，消灭北非的德意军队。攻击发起日定为11月8日。

　　1942年11月8日，艾森豪威尔接到第一份战报，第一次交火的情况令人沮丧。11月7日，美国军舰"托马斯·斯东号"载着美军的一个加强营在驶向阿尔及尔的途中，距目的地仅150千米处，被德国的鱼雷击中。

　　在倒计时的最后一刻，突击部队准备就绪，发起进攻。参加这次作战的英美军队共有13个师，665艘军舰和运输舰，其中包括3艘战列舰、7艘航空母舰、17艘巡洋舰、64艘其他作战舰艇，分别编为西部、中部和东部3个特混舰队。首批登陆的兵力为7个师，其中有美国的4个步兵师和2个装甲师，英国的1个步兵师，共约11万人。此外，还有几个空降营将参加这次行动，他们的任务是占领敌防御纵深内的机场和要地。

　　午夜时分，美英联军的3个特混舰队分别在阿尔及尔、奥兰、卡萨布兰卡地区登陆。8日凌晨1时，东部特混舰队在英国海军少将布罗斯的指挥下，在阿尔及尔的东西两面登陆。在西面，英军第十一旅顺利地占领了滩头；在东面，载运美军的船只被意外的浪潮冲离海岸数千米，在黑暗中造成了一些混

乱，虽耽误了时间，但很快就控制了局势。

中部特混舰队，在美军弗里登少将的指挥下，也于1时许在奥兰登陆。法军在这里的抵抗比在阿尔及尔更猛烈些。登陆部队虽在开始时顺利地占领了阿尔泽湾和安达鲁斯，但在向奥兰实施向心突击的过程中被阻于半路，进展较缓。

西部特混舰队，由美军巴顿少将指挥，拂晓前抵达摩洛哥海岸。由于夜间行驶，而且航程较远，所以登陆时间比原计划晚了3个小时。美国军队分别在卡萨布兰卡附近的费达拉、利奥特港和萨菲登陆，一开始就牢固地占领了立足点。在有些地点，登陆部队根本没有遇到抵抗。

登陆全面展开不久，参谋军官兴高采烈地向艾森豪威尔报告消息："卡

艾森豪威尔在前线

萨布兰卡的海浪平静下来了！巴顿将军正在登陆！"从奥兰发来的电报说："登陆顺利，未遇特殊险情。"

4时30分，精疲力竭的艾森豪威尔拿着几份刚到的电报，睡意像巨网一样朝他直压了过来，他头一沾枕头便开始呼呼大睡。早晨7时，天光放亮。艾森豪威尔一骨碌爬了起来，得知战况顺利。不过，接下来形势的严峻，使他不得不收起笑容。法国部队的抵抗行为，使得美军的消耗很大，而且失掉珍贵的时间。至11月11日，艾森豪威尔已经笑不出来了。他沮丧地认为，"火炬"获得战略胜利的可能性已经消失。

11月13日，艾森豪威尔迫于无奈，飞抵阿尔及尔，与维希法国海军上将达尔朗进行谈判。艾森豪威尔认为，他迫切需要一个可靠的后方，为了得到这样的后方，他准备与维希法国当局合作，尽管他们都是在法西斯德国控制之下。维希政府头目达尔朗身材瘦小，圆脸，非常好动。他非常高兴地与艾森豪威尔握手，并签订协议，保证一丝不苟地遵守协议，使法国殖民军和舰队"满腔怒火"地转向德军。

一石激起千层浪，这个协议无论是在英国国内、戴高乐流亡政府——自由法国内部，还是在美国舆论界，都引起了强烈的不满。

丘吉尔声称，这一协议简直是晴天霹雳，罗斯福也表示不接受这个协议。报纸和电台的评论员则不无讽刺地说："知道盟军登陆后所做的一件事是什么吗？是与欧洲法西斯首要分子签订协议。""这一名头脑简单的将军，在政治的汪洋大海里没了顶，居然与法西斯分子握手言和。"

听到这些，艾森豪威尔吃惊不已，一次军事上的权宜之计，竟然在人们心中激起如此轩然大波。

这一协议所付出的代价，远远超过艾森豪威尔个人声誉的损害。这个协议造成了长期的负面影响。例如，苏联领导人怀疑英国、美国和法国维希当局背后有不可见人的交易。法国抵抗运动领袖戴高乐也对此强烈不满。他说："如果盟军在解放一个国家时，却与投敌的前政府官员们签订协议，那么抵抗还有什么意义？"这一协议不仅伤害了法国抵抗运动成员的感情和士

气，也对日后戴高乐与美国的长期合作产生了严重的负面影响。

由于艾森豪威尔在阿尔及尔被"达尔朗协议"所困，他不能及时向突尼斯进军，而这时德军却继续在突尼斯集结。结果盟军强行攻占突尼斯城的打算遭到失败。

至12月，艾森豪威尔手下有近15万人，但仅有3万人战斗在前线。他估计德军有3万人在突尼斯城内及附近，其中作战部队是25000人。由于盟军向突尼斯推进的速度过慢，兵力过弱，双方交锋时，盟军吃了败仗。

此时的艾森豪威尔尽管外表一直保持乐观，内心却充满了厌倦、自怜和悲观的情绪。在许多时候，他总是不经意地抱怨说："谁想当盟军总司令，就让他当吧！"

圣诞节前夕，当夜幕降临时，艾森豪威尔在安德森野战司令部食堂吃晚饭。一名通信兵从电台那边冲进来，低声对艾森豪威尔说："达尔朗刚刚被暗杀。"艾森豪威尔咕哝了几句，坐上他的汽车，冒着霏霏的雪雨，向迷蒙的远方驶去。90分钟后，他到达阿尔及尔，让参谋人员汇报情况。

原来，达尔朗这个维希政府头目，虽然口口声声要真诚与盟国合作，却继续为非作歹，与纳粹来往密切。愤怒的法国人坐不住了，年轻的抵抗运动成员沙佩勒刺杀了达尔朗。此后，吉罗掌管了北非的军政事务。

达尔朗之死，给人们带来的是欣喜。克拉克将军评价说："在我看来，达尔朗上将之死完全是上帝的旨意……把他从政治舞台上清除掉，就像刺破脓疮一样。"就这样，达尔朗之死，也为艾森豪威尔解除了一个政治上的包袱。

1942年12月22日，马歇尔命令艾森豪威尔："授权你的部下去处理国际外交问题，集中你的全部精力用于突尼斯的战斗。"于是，艾森豪威尔决定，在突尼斯开展一场大规模的攻势，来转移外界的注意力。

1943年1月的突尼斯，寒风凛冽、雨雪交加，恶劣的气候条件严重地阻碍着在前线发动攻势。在战事稍稍平歇的同时，一场后勤之战却紧锣密鼓地打响了。在这场后勤竞赛中，德军显然拥有一些有利条件，其中包括西西里

岛及突尼斯的优良机场、靠近战场的海港，这使他们的运输线路大大缩短。同时，艾森豪威尔却不断抱怨后勤问题。

当时，德军还有着经验丰富的指挥官和作战部队，并拥有较多的坦克，这些优势，愈发激起了希特勒尽早从突尼斯向卡萨布兰卡推进的野心。同时，丘吉尔对突尼斯前线进展迟缓感到非常不快。

从华盛顿传到盟军总部的谣言说，为平息民愤，美国总统将要"牺牲"艾森豪威尔，以平息达尔朗事件造成的不利政治影响。据说，罗斯福认为保留艾森豪威尔"在政治上是不明智的"。

就在达尔朗事件后不久，艾森豪威尔在1943年1月初任命佩鲁顿为阿尔及利亚总督时，又掀起了另一次抨击的浪潮。因为，佩鲁顿曾任维希政府的内政部长，民众怎能容忍这样的人担任他们的总督呢？与此同时，吉罗又逮捕了在北非的自由法国成员，引起又一次抨击浪潮。

妻子写信警告艾森豪威尔说："头头们正在准备把你撤职。"他的联络副官布彻在记录上也这样写着："我告诉他，他的脖子已经套在绞索上！"

在巨大的压力面前，加上工作进度不能按时完成，艾森豪威尔的情绪很坏。他经常发脾气，很容易冲动。在他的影响下，盟军总部士气低落。

在圣诞节从突尼斯前线赶往阿尔及尔时，艾森豪威尔又患了重感冒。有一个多星期，整天躺在床上，吃饭很少，一支接着一支地吸烟，这使他的感冒和病痛加重。

不久，艾森豪威尔得了失眠症。马歇尔得知这些情况后，指示有关人员，为艾森豪威尔制定了加强保健的生活制度，甚至强迫艾森豪威尔抽出时间来做喜爱的体操。

1月15日，艾森豪威尔病后还没有来得及真正恢复健康，就飞往卡萨布兰卡，与罗斯福和丘吉尔进行会晤。

飞行过程中，B-17重型轰炸机出了点故障，发动机运转极不规律，飞机在蓝天中剧烈地颠簸。透过玻璃窗，可看到黛色的山尖及丛林在身旁一掠而过，大家一片惊呼。

终于，在经历了数次惊险之后，飞机安全降落在卡萨布兰卡。此时，等待着艾森豪威尔的是两个好消息。

第一个消息是，丘吉尔和罗斯福一致同意不仅让艾森豪威尔继续指挥"火炬"行动部队。而且待英国第八集团军开抵突尼斯边境后，也归艾森豪威尔指挥。

第二个消息是，马歇尔建议授予他上将军衔，为的是让美国总司令能与盟国的同僚平起平坐。因为，盟国一些同僚的军衔都比他高。

按惯例，军衔应授予有战功的将军，尽管艾森豪威尔还没有拿下突尼斯，但罗斯福总统还是同意提升艾森豪威尔的军衔。

1943年1月，卡萨布兰卡会议决定，盟军将在北非战役之后实施西西里战役，以改善盟军的军事态势；任命艾森豪威尔为北非战区盟军最高司令，亚历山大为副司令兼地面部队司令，特德为空军司令。

与此同时，艾森豪威尔晋升为上将。会后，北非盟军整编为第十八集团军群，由亚历山大任集团军群司令，在艾森豪威尔之下负责直接指挥。

1月24日，卡萨布兰卡会议结束之后，艾森豪威尔加紧积蓄力量，整顿部队，准备向隆美尔发动一次强大的攻势。这时，美国的军用物资、装备已源源运抵前线。随着飞机数量不断增加和使用前方机场，盟国空军开始从德国人手中夺取了制空权。造成的直接结果是，德国人感到越来越难以切断盟军的供应线，或保卫他们自己的供应线。

此间，艾森豪威尔最担心战线的南端。在这里布防的美国第二军团的四个师，除了在11月间同维希法国部队有过一两天交锋之外，都没有作战经验，都是匆促组成派到北非来的。他们在美国没有时间进行认真训练，战备观念极差。

在一次视察时，艾森豪威尔吃惊地发现，一支部队已经进入阵地两天，却仍然没有布雷。军官们说，他们准备在第二天解决。艾森豪威尔狠狠地骂了他们一顿，然后指出，当德国人进入防御阵地时，他们必须布雷，机枪进入掩体，部队在两小时内进入一级战备状态。

　　使艾森豪威尔同样感到生气的是，他发现部队撤出前线时，军官们允许士兵到附近的村庄去休息。他了解到，每当英国军队撤离前线时，甚至对他们最有战斗经验的部队也都进行长时间的实战训练演习。

　　1943年1月底至2月，隆美尔部经费德、加夫萨向卡塞林发动钳式攻势，费雷登道尔的美国第二军攻卡塞林蒙受重大损失。艾森豪威尔急调巴顿任第二军军长。

　　在盟军的强烈攻势下，钳形攻势结束。隆美尔部向梅德宁进攻失败之后，隆美尔认为再战无益，于3月9日抱病回国，由阿尼姆代替指挥。

　　根据艾森豪威尔批准的突尼斯作战计划，英国第八集团军将担任主攻，突破马雷特防线，沿海岸平原将敌军往北赶到突尼斯城；英国第一集团军固守北部和中部突尼斯前沿阵地；美国第二军则沿山地向东实施有限佯攻，把敌军从第八集团军的前线吸引过来并威胁敌军的右翼。

　　3月20日，英国第八集团军对马雷特防线的正面突击失败，而侧翼迂回行动则获得成功。5月5日，盟军发动最后突击，阿尼姆于13日率所部24万人投降。北非战役给纳粹德国以沉重的打击，为开辟欧洲第二战场创造了前提条件，北非战役证明了艾森豪威尔的指挥能力和领导地位。

元帅韬略

挂帅出征
横扫地中海顽敌

北非战役之后，北非战区盟军司令部即改组为地中海战区盟军司令部。1943年6月，艾森豪威尔亲自指挥盟军攻占潘特莱里亚岛作为空军基地。因为根据美英联合参谋会议，攻克西西里战役是以空战为先导的。

6月12日，艾森豪威尔在记者招待会上透露大致的作战计划，以此防止新闻记者通过推测性报道泄露作战机密，结果获得成功。

6月下旬，特德指挥空军对战区内的德意空军基地及其他军事目标实施战略突击，并于7月获得制空权。

根据作战计划，两栖登陆作战部队为第十五集团军群，担任主攻的蒙哥马利部将在诺托湾登陆，沿东部海岸向墨西拿突击；担任助攻的巴顿部队将在杰拉湾登陆，先向北面和西北挺进并攻占巴勒莫，再沿北部海岸向墨西拿突击，与英军会师墨西拿，围歼西西里守敌。

8月17日，盟军进占墨西拿。

西西里战役为盟军的两栖登陆作战提供了有益的经验，最终导致墨索里尼政府的垮台和法西斯意大利的无条件投降。

9月8日，艾森豪威尔进军意大利本土，经过一场激烈的战斗，最终于10月1日进占那不勒斯。此后，盟军与德军处于僵持状态。

9月9日晚，盟国空降部队实施空降，地面部队则于10日凌晨在恶劣的气候条件下实施登陆，随后得到空军和海军的火力掩护。

面对铺天盖地的盟军部队，意军毫无斗志。英军登陆之后，先后攻占诺托、锡腊库扎和普利马索莱桥，但在埃特纳火山和卡塔尼亚地带遭到德军的

第 二 次
世界大战
著名元帅

顽强阻击。美军登陆之后，先后攻占杰拉、利卡塔、安佩多克列港、卡尔塔尼塞塔、巴勒莫和马尔萨拉，进军迅猛但仍未能将敌军拦截在该岛西部。

英军的攻势受阻之后，美军成为突向墨西拿的主攻部队。得到增援的德意军队开始通过墨西拿向意大利本土撤退。

1943年11月，在德黑兰举行了由罗斯福、丘吉尔和斯大林参加的"三巨头"会议。

会议广泛讨论了国际局势，美国和英国明确表明了1944年开辟欧洲第二战场的决心，苏联则希望尽快决定此次作战的盟军最高司令人选。艾森豪威

艾森豪威尔（雕塑）

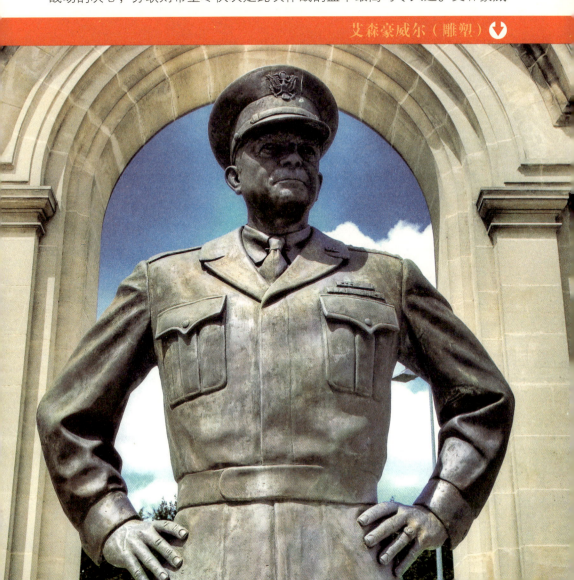

尔在会后被任命为指挥"霸王"行动的盟军最高司令。

1944年1月中旬，艾森豪威尔抵达伦敦组建盟国远征军最高司令部，任命特德为副司令，史密斯为参谋长，布莱德雷为美国地面部队司令，蒙哥马利为英国地面部队司令，拉姆齐为海军司令，利马洛里为空军司令。

按照艾森豪威尔设计的体制，上述军种司令担负着双重角色：一方面，军种司令是最高司令部成员，参与最高司令部制订计划的工作；另一方面，军种司令是整个军事行动中指挥具体作战的司令，拥有各自的司令部。

为了获得诺曼底地区的制空权，艾森豪威尔将在英国的战术与战略空军完全置于其控制之下。

早在1943年3月，盟军就在伦敦成立联合参谋机构，研究和拟制欧陆作战计划。

艾森豪威尔在计划的基础上主持制定的"霸王"作战纲要包括：

在诺曼底海岸登陆并破敌军的防御阵地，用两个集团军群实施正面追击，重点是在左翼取得必需的港口，进逼德国边境并威胁鲁尔，右翼要同从南面进攻法国的兵力相连接。

取得比利时、布列塔尼以及地中海的港口，以便沿着德国占领区的西界建立新的基地，按照两翼包围鲁尔的方式发动最后的进攻，重点再次放在左翼，随后朝着当时决定的特定方向直接突入德国。

攻击发起日定为1944年6月5日。

与此同时，集中于英国的盟军加紧进行以两栖登陆作战为重点的协同作战演练，相当数量的登陆艇、特种坦克等逐步装备部队；空军频繁出动，以重创德国空军，掌握制空权，孤立突击地带；情报部门通过"超级"和"魔术"破译机构获取德军情报，气象部门则密切注视气候变化；开始制造人工港和防波堤，敷设通过海峡的输油管道；采取军事欺骗措施，使德国最高统

帅部判断失误。

　　"霸王"行动实施前夕，盟国在英国共集中兵力38个师，共计287万人，坦克5000余辆、舰艇9000余艘、飞机13000余架。

　　处于防御地位的伦德施泰特的德军西线部队共59个师，施佩勒的空军第三航空队和克兰克指挥的西线海军集群，力量明显薄弱。

　　令人费解的是，伦德施泰特和隆美尔颇受限制：无权向施佩勒或克兰克下达命令；未经最高统帅部批准，无权调动任何装甲师；战斗行动地域及防守沿海地区的所有陆军部队管辖的范围，纵深不得超过20千米。

　　此外，伦德施泰特、隆美尔和最高统帅部之间在防御计划方面亦有比较大的分歧。

　　6月4日，在盟军作战会议上，艾森豪威尔根据气候形势的变化，果断决定将攻击发起日改为6月6日。

　　1944年6月6日凌晨，"霸王"作战计划开始实施。空降部队在诺曼底地区的要害地域降落。空军和海军对沿海目标实施火力突击和扫雷。

　　盟军五个师在海空的火力掩护和特种坦克的引导下向诺曼底海滩发起冲击，登陆成功。

　　7月，盟军在攻占瑟堡和冈城之后，登陆场扩大为正面宽100千米，纵深50千米的地带。7月25日至30日，美军的"眼镜蛇"战役实现了对德军防线的突破。

　　8月1日，布莱德雷指挥的第十二集团军群组成。

　　随后，美军横扫布列塔尼。盟军挫败莫尔坦反攻后，发现可在法莱斯形成对德军的包围圈。艾森豪威尔命令实施围歼德军的作战计划。

　　自8月8日起，盟军通过机动兵力从北、西、南对法莱斯形成包围态势。直至20日，德国被俘约50000人，死亡约10000人。诺曼底战役至此结束，德军损失约40万人，盟军损失约21万人。

　　8月25日，盟军解放巴黎。8月，盟军"铁砧—龙骑兵"作战开始。9月，实施"霸王"和"铁砧—龙骑兵"作战的盟军胜利会师。德弗斯的第六集团

军群开始归属艾森豪威尔。

9月1日,艾森豪威尔将司令部移驻法国并从蒙哥马利手中正式接管地面部队的指挥权。

在此前后,美军解放夏隆、兰斯、凡尔登等地,强渡马斯河,英军则解放亚眠、里尔和布鲁塞尔。

艾森豪威尔决定盟军采取"宽大正面战略",使德军首尾不能相顾而加速崩溃。4日,艾森豪威尔命令阿登以北部队必须占领安特卫普,突破齐格菲防线,然后夺取鲁尔区;阿登以南部队必须突破齐格菲防线,然后夺取法兰克福。英军攻克安特卫普后,盟军在齐格菲防线前受阻。12日,艾森豪威尔晋升为五星上将。

1944年12月16日,德军在阿登地区发动反攻(通称突出部战役),企图攻占列日和安特卫普,迫使美英同意和谈。德军从圣维特地区出发,向西攻至美国第一集团军的南部,最后进抵马斯河畔的迪兰特。与此同时,德军实

❶ 曾毁于诺曼底战役的法国城市卡昂

施"格赖夫计划",组成能讲英语的连队,换穿美军制服,突入美军防区制造混乱。17日,艾森豪威尔对形势作出正确判断并采取相应措施。

19日,艾森豪威尔召开作战会议,决定北侧盟军先取守势,待机转入进攻;南侧盟军则应尽早向北进攻。南侧盟军于22日发动进攻,迫使德军由进攻转入防御;北侧盟军直至次年1月才发起进攻。

1945年1月,盟军在乌法利兹会师,将德军赶过初始防线。在突出部战役中,盟军伤亡77000人,德军伤亡12万人。在突破齐格菲防线之后,盟军攻占萨尔,将德军赶过莱茵河,并抢占雷马根地区的鲁登道夫大桥,继而控制莱茵河东岸,对鲁尔实施两翼合围。

4月18日,德国B集团军群32万余人投降。

1945年3月,艾森豪威尔与蒙哥马利就盟军主要突击方向发生分歧。蒙哥马利主张向柏林快速突击,先于苏军攻占柏林;艾森豪威尔则认为主要突击方向为莱比锡和德累斯顿,因而据此通知苏联协调行动。

5月2日,苏军攻克柏林。德国代表到驻法国兰斯的盟军司令部投降。

5月7日和8日,德国代表在兰斯和柏林签署德国无条件投降书。

德国投降之后,艾森豪威尔出任美国驻德占领军司令。1945年12月,艾森豪威尔出任美国陆军参谋长。1948年,艾森豪威尔退出现役,出任哥伦比亚大学校长。

1950年,艾森豪威尔出任北约组织欧洲盟军最高司令。1953年至1961年,艾森豪威尔连任两届美国总统。为了使白宫办公厅成为有效的总统行政机构,艾森豪威尔仿参谋长制度而设办公厅主任。

艾森豪威尔在任内被迫签订朝鲜停战协定,但继续奉行冷战政策,并先后提出艾森豪威尔主义、大规模报复战略和战争边缘政策。

1969年3月28日,艾森豪威尔在华盛顿病逝,终年79岁。著作有《远征欧陆》《白宫岁月》《艾森豪威尔的战争经历》等。

元帅韬略

第二次世界大战著名元帅

麦克阿瑟

　　道格拉斯·麦克阿瑟，美国著名军事家，五星上将军衔。第二次世界大战时期历任美国远东军司令，西南太平洋战区盟军司令。太平洋战争后期指挥美国军队在西南太平洋战场执行"跳岛战术"，有选择地攻占对美军推进有重要意义的岛屿。1945年2月5日，光复马尼拉。8月12日，被杜鲁门总统任命为驻日盟军总司令，负责对日军事占领和日本的重建工作。

应邀担任
菲律宾军事顾问

　　1880年，道格拉斯·麦克阿瑟出生在一个军人家庭。他从5岁起就开始接受军事方面的熏陶，父亲的军人生涯对他产生了潜移默化的深刻影响。13岁时小麦克阿瑟就进了西得克萨斯军校，4年后他以优异成绩毕业。

　　1899年夏天，19岁的麦克阿瑟没有辜负父亲的期望，进入了美国著名的西点军校学习。在西点军校，麦克阿瑟非常用功，训练也十分刻苦，并乐于接受教官交给的各项任务，有超过别人的强烈欲望。

　　在100名左右的同年级学生中，麦克阿瑟的学习成绩有三年名列首位，包括毕业那一年。因此在第四学年，麦克阿瑟获得了学员团的最高军阶，即第一上尉。当时在西点军校百年历史上，以年级第一名的成绩毕业的第一上尉除了麦克阿瑟外，其他仅有三人。

　　1903年，麦克阿瑟从西点军校毕业后，先到菲律宾服役一年，这似乎预示着他将与父亲一样同菲律宾结下不解之缘。回国后不久麦克阿瑟与父亲一起，被西奥多·罗斯福总统指派为日俄战争的军事观察员。

　　完成观察任务后，父子两人又到东亚和南亚各地搜集情报。这一经历使麦克阿瑟眼界大开，他意识到富饶的东亚和南亚以后将是美国向外扩张的重要目标，因为"这里居住着世界人口的一半，维持以后各代人生存的原料和半成品的一半也在这里"。"美国的未来乃至美国究竟能否生存，都不得不与亚洲及其外围岛屿联系在一起"。回国之后，麦克阿瑟成了罗斯福总统的军事副官。

　　1917年10月29日，在第一次世界大战中，麦克阿瑟作为第四十二师的上

校参谋长到达法国参战。

第一次世界大战结束时，麦克阿瑟由于"战绩卓越，服务优异"而获得了一系列的勋章。其中有一枚服务优异勋章、两枚服务优异十字勋章、七枚银星勋章、两枚紫心勋章和数枚法国的勋章。

麦克阿瑟回国后被威尔逊总统任命为西点军校校长，这是该校有史以来最年轻的一位校长。在三年的校长任职期间，他使西点军校产生了迅速的发展变化，改革了陈旧过时的课程，开始了现代化的军事教育。麦克阿瑟因而被称为"西点军校之父"。

1930年11月，麦克阿瑟开始担任了美国上将陆军参谋长，负责筹划、执行和发展美国陆军当前和长远的防务。

以前美国陆军的备战工作一般由陆军内的各部门按照自己的意愿去做，带有较大的随意性，常常显得很不协调。每当战争来临时，参谋工作往往缺乏效率，军队调动不力，后勤补给跟不上。

尽管后来建立了一个现代化的参谋部，但它却常用上一次战争的计划来从事下一次战争，不健全的体制没有得到彻底改变。

麦克阿瑟当上陆军参谋长后，下决心扭转这种局面。他首先解决了长期争论不

麦克阿瑟将军（塑像）

休的陆军航空队和海军由谁来进行海岸防御的问题，使各方面一致同意把这一任务交给陆军。他又把骑兵改成了机械化部队，用坦克、装甲车和摩托代替了马匹，使陆军的行进速度和机动能力大为提高。

由于麦克阿瑟的不懈努力，在第二次世界大战爆发时，美国才有了一支装备较好的军队，为最后击败法西斯提供了物质条件。因此在陆军参谋长任期结束时，麦克阿瑟获得了缀有橡树叶的优异服务勋章。

1935年，麦克阿瑟的陆军参谋长任职期满后，应菲律宾自治政府总统奎松的邀请，到菲律宾担任军事顾问。

1936年，他被授予菲律宾陆军元帅的军衔，并迅速着手组建菲律宾军队和制订菲律宾防务计划。麦克阿瑟的计划十分庞大，打算到1946年在菲律宾组建一支40万人的地面部队、一支拥有250架飞机的空军和一支由50艘鱼雷快

美军士兵

艇组成的海军。

但菲律宾的经济条件使这一计划最终未能实现，麦克阿瑟在菲律宾仅组建了一支为数不多的陆军。

他呕心沥血地训练这支军队，仔细研究他们可能与敌人交战之处的地形，深入探讨他们在未来战争形势下所必需的后勤供应、武器装备和战术问题。尽管许多人认为这种战争形势永远也不会出现，麦克阿瑟还是倾注了全部精力去策划和布置菲律宾的防务。

有人问他："如果菲律宾落入日本人之手，你担心什么呢？你已尽了最大努力。"

他回答说："就我个人而论，我一定不会失败！世界的明天在很大程度上依赖于这里的成功。也许这些岛屿不是控制太平洋的门户，甚至不是这个门户的锁，但对美国来说，它的确是打开门锁的钥匙，我决不让这把钥匙丢失。"

第二次世界大战爆发后，随着战争形势的发展，日本于1941年占领了印度支那半岛后，亚太地区形势骤然紧张起来。

7月，华盛顿动员菲律宾陆军与美国驻菲部队合并，麦克阿瑟被任命为美国远东军司令，司令部设在马尼拉。

同年12月7日，珍珠港事件爆发，10个小时后日机轰炸了菲律宾的美军克拉克空军基地，炸毁了机场上几乎全部美国B－17型轰炸机和大部分战斗机，极大地削弱了美国远东军的防守力量。

三天后日本开始进攻菲律宾。麦克阿瑟指挥的远东军仅有美军19000人，菲律宾军12000人，另外还有10余万当地民兵。空军仅剩下菲律宾军队的150架飞机，海军只有一支小舰队。

在日军的强大攻势下，美国远东军损失惨重并节节败退，麦克阿瑟只得放弃马尼拉的防守，将部队撤到早已有所准备的马尼拉湾西面的巴丹半岛组织抵御。日军对巴丹半岛多次发动猛攻，远东军凭借坚固的工事英勇抗击，多次击退日军。

但这时战争形势对远东军十分不利,美国在西太平洋地区的空军已损失殆尽,无法从空中配合陆军防守,再加上此时美政府正花大量精力援助欧洲战场的反法西斯战争,影响了对远东的援助。

日本突然发动太平洋战争后,日本海军在太平洋上一度占据优势,使美国本土难以有效地支援菲律宾的远东军。这一切使巴丹的守军处境日益恶化。

1942年3月,日军向巴丹大规模增兵,使美国远东军的坚守更加困难。日本方面兴高采烈地宣布,若能生擒麦克阿瑟,将在东京帝国广场当众绞死他。

这时美国政府为了在太平洋地区进行陆海军协同作战,命令麦克阿瑟把军队指挥权交给乔纳森·温莱特将军,他自己到澳大利亚去担任新建立的西南太平洋地区盟军的总司令。

3月11日夜里,麦克阿瑟登上鱼雷艇准备驶离巴丹时,向众人发誓:"我还会回来的!"他离开之后,美国远东军坚守巴丹近两个月,最后因寡不敌众而向日军投降。

麦克阿瑟乘鱼雷艇闯过日军海空巡逻队的封锁后,于3月17日到澳大利亚的墨尔本。尽管他受到当地人民的热烈欢迎,他的心情还是非常沮丧。

当他得知巴丹守军投降的消息后说:"我是那个失败事业的领导者,从我痛苦的内心深处,我祈祷仁慈的上帝,不久就把那里的失地收回。"

麦克阿瑟这时怀着强烈的复仇情绪,他认为自己活着就是为了早日重返巴丹。他在澳大利亚建立起西南太平洋地区盟军司令部,积极着手整顿澳大利亚防务,组织和训练部队,积蓄反攻力量,制订积极的进攻计划。

他命令他的参谋人员要用"这是巴丹"来回答所有的电话,他本人的专机"吉恩号"也改称"巴丹号"。

大胆实施
太平洋战略反攻

1942年6月，中途岛战役之后，美国在太平洋地区逐渐由防御转入进攻。麦克阿瑟主张趁势攻占日军在西南太平洋最重要的海空军基地——新几内亚东部的拉包尔，然后正式开始对日本的战略反攻。

尽管海军上将尼米兹主张先考虑欧洲战场而在太平洋地区采取守势，但因英国不同意盟军过早渡过英吉利海峡对德作战，美国决定采纳麦克阿瑟的主张先在太平洋地区对日发动进攻。为此必须首先守住美军在西南太平洋地区的军事基地，尤其是新几内亚东南部的莫尔兹比港。

8月25日夜，日军1200人在莫尔兹比港以东90千米外的米尔恩湾登陆。

这次作战是对该城的第二个潜在威胁，要不是日军犯了一个大错的话，这座城市就将处于南路来自科科达、西路来自米尔恩湾的日军各路纵队合击的压力下。

日军不知道麦克阿瑟在距离他们登陆点约25千米的岛上正在修建一座机场。

即使在有了600人的增援和两辆轻型坦克的支援之后，日军还是发现他们在人数上和枪炮数量上都远远不及对方。日军对米尔恩湾机场进行了10天徒劳的正面进攻。他们从早到晚一直受到美国和澳大利亚战斗机"直至枪膛子弹打光才停止扫射"的攻击。

日军在这场注定要失败的进攻中共有1000余人伤亡，而剩下的幸存者突然撤退了。米尔恩湾的胜利是盟军在太平洋地面战斗中的首次重大胜利。

与此同时，5000名日军仍在从科科达向南进发，坚持不懈地向莫尔兹比

港跋涉。日军不断渗透，守军节节败退。

尽管巴布亚的日军人数还不到盟军人数的一半，但他们于9月16日，仍得以前进到离莫尔兹比港约30千米的地方。晚上，日军侦察兵已能看到港口上来回搜索的防空探照灯。澳大利亚人正在山路上建造新的防御据点，但他们的防御能力有限。

麦克阿瑟决定攻打日军的后方。他让第三十二步兵师的两个团开赴新几内亚发动反击战。

9月16日夜，麦克阿瑟给澳大利亚总理柯廷打了保密电话。他向总理承认他非常担心，他说："防守莫尔兹比港的澳大利亚地面部队在战术上的被动保守，严重威胁着附近的机场"，"如果阻止不住日军前进，在新几内亚的同盟国部队将重蹈马米西业的覆辙"。

正如每个澳大利亚人痛苦地意识到的那样，那年年初在马来西亚，澳大

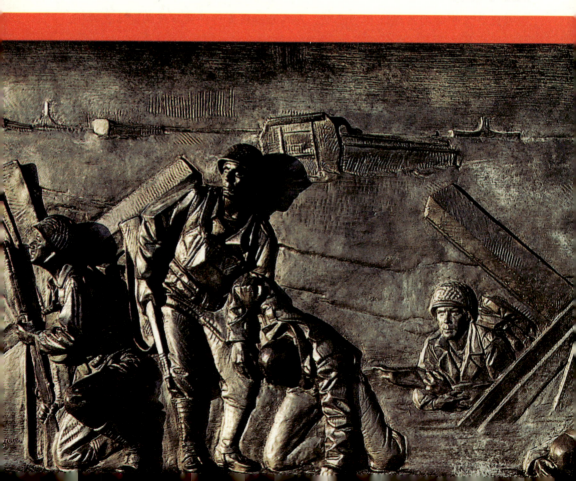

利亚一整个师被一小股日军包围并俘虏。麦克阿瑟说形势很严重，他希望布莱梅立即来巴布亚并亲自控制局势。他没有明确指出，但暗示他希望布莱梅能让澳大利亚人投入战斗。

这是麦克阿瑟一生中的关键时刻之一。如果丢了莫尔兹比港，他的军旅生涯也将随之付诸东流。

麦克阿瑟早已认识到新几内亚是澳大利亚的屏障，其东南的莫尔兹比港则是新几内亚的战略要地和通向澳大利亚的跳板，因而增强了该地的防备。

1942年7月，日军两支部队约13000人先后在莫尔兹比港东北边的布纳登陆，向西攻占了科科达，8月进入欧文斯坦山向莫尔兹比港进发。中途受到盟军飞机袭击，加之补给缺乏，日军被迫停止前进。

麦克阿瑟率领澳大利亚军两个师和美军一个团，于11月2日收复了科科达。这次战役使日本意识到原来认为1943年才会开始的盟军的反攻这时已经

美军登陆场景（浮雕）

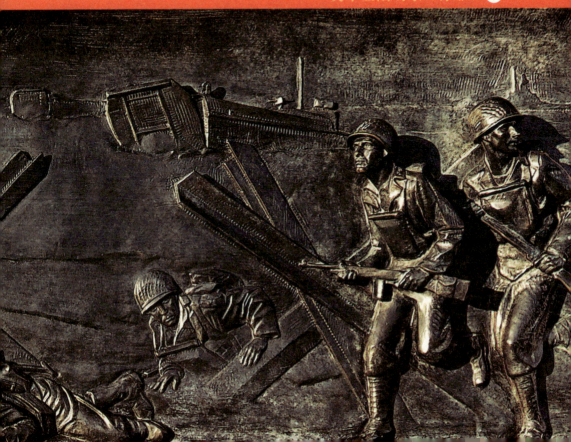

开始了。

由于西南太平洋战场的胜负决定着整个太平洋战争的前途，日本决心加强在所罗门群岛和新几内亚的防御，并新设了三个军驻扎在这一带。但在12月中旬，麦克阿瑟指挥盟军攻陷了布纳，把日军压迫到了海边。

1943年1月，沿海日军被盟军消灭了12000人。与此同时，日军在瓜岛战役中也遭到惨败。

3月22日，日本制定了《陆海军中关于东南方面作战协定》，决定把主要战场放在新几内亚。日本联合舰队也向南太平洋进军，企图阻止盟军的反攻，并不断向美军占领的莫尔兹比港等处发动袭击，但日军最终未能攻占莫尔兹比港。

1943年，美军在反攻路线上存在着两种不同意见。以麦克阿瑟为代表的陆军主张，应该沿着新几内亚向菲律宾发动反攻；海军却认为应沿着中部太平洋路线反攻。

最后华盛顿决定采用"双叉冲击"的战略，从西南和中部太平洋两路同时发动反攻，使日军顾此失彼，无法相互援助，最后两路美军在菲律宾会师。

在西南太平洋战场的作战计划是，由海军上将哈尔西先率军占领所罗门群岛东南，建立进攻拉包尔的空军基地，然后逐步向北推进；麦克阿瑟则随后率军进攻新几内亚北岸的莱城，接着北上占领俾斯麦群岛中的新不列颠岛；最后陆海军联合围攻拉包尔。

在哈尔西行动成功后，麦克阿瑟于9月5日指挥澳军第九师在莱城以东登陆，次日又增加了澳军第七师和美军一个伞兵团，11日攻占了莱城南边的萨拉茅阿，15日又攻占了莱城西面的拉姆普。此时离日军在新几内亚的军事重镇马丹仅有80千米了。

1944年4月2日，麦克阿瑟指挥7000军队在莱城西北的赛多尔登陆，向马丹节节进逼，4月24日攻占了马丹。4月底他又向拉包尔北部的阿德米雷尔提群岛发动进攻，击溃了4000日军的抵抗，并将其全歼，5月占领了该群岛。

同时哈尔西的部队也于1944年3月攻克了拉包尔东南的布干维尔岛。这样，驻守在拉包尔的10万日军被盟军团团包围，陷入了孤立无援的境地。

1944年暮春，麦克阿瑟率领15个师的盟军对新几内亚及其以东群岛的日军发起了最后攻击，在进攻战术上，麦克阿瑟认可一种伤亡更少的战术，即所谓"蛙跳战术"或"跳岛战术"。

具体就是向敌人防守坚固的主要据点的外围作跳跃式进攻，不正面攻击这些据点，而是迂回到敌人背后，将他们分割包围，用空军和海军切断敌人的补给来源，将他们困死。不等据点里的敌人被歼灭，其余部队又越过该地，再包围前面的敌军据点。对拉包尔的日军就采取了这种战术。

麦克阿瑟的这种战术很奏效，使盟军在伤亡较少的情况下得以控制更多的地区。

他于这年4月派澳军从马丹沿海向西推进；另一方面下令盟军主力进攻马丹西边的军事重镇荷兰地亚。4月22日，50000名美军在荷兰地亚及其东边的文塔佩登陆，很快突破日军防线，迅速包围了文塔佩东边的威瓦克，使日军第十八军军部和3个师团被围困在威瓦克，处于孤立无援、坐以待毙的境地。

未等威瓦克的日军被歼灭，5月中旬麦克阿瑟又指挥美军向西推进120千米，跳跃到托埃姆，渡过海峡占领了韦克德岛。

5月下旬又指挥部队跳跃到荷兰地亚以西350千米的比亚克岛，遭到日军顽强阻击，一直激战到8月美军才取得胜利。

比阿克岛的战斗尚未结束时，麦克阿瑟又于7月6日指挥美军跳跃到了诺埃莫富尔岛，迫使新几内亚的日军撤到了最西端的鸟头半岛。但麦克阿瑟又指挥美军一个师迂回到了鸟头半岛西北的桑萨波角登陆，切断了日军退路，打通了向菲律宾跳跃前进的道路。

1944年7月，美军经过激战，攻占了日军控制的马里亚纳群岛。美国下一步的进攻目标应指向哪里？早在这年春天海军和陆军便就这个问题产生了分歧。

以尼米兹为首的海军主张绕过菲律宾，直接进攻台湾或冲绳岛等地。这

一主张受到麦克阿瑟为首的陆军的反对。这位陆军上将认为，首先，菲律宾是日本缩小防御区域后的防守重点，日本一旦失去菲律宾，就不能从海上得到荷属东印度的石油供应而无法继续进行战争；其次，如果美军放弃菲律宾而进攻台湾是极为冒险的，有可能受到日军的两面夹击；第三，攻克菲律宾后可以直接进攻日本冲绳；第四点更重要，从政治上考虑，美军应该去解救受日本人奴役的1700万菲律宾人民，这是美国义不容辞的责任。

麦克阿瑟对两年前的巴丹战败仍耿耿于怀，复仇之心十分迫切。因此他在与尼米兹讨论这个问题，当尼米兹说到参谋长联席会议倾向于海军的主张时，麦克阿瑟大发雷霆，说菲律宾是被美国人遗弃了的，如果不能解放菲律宾人，就会给美国的荣誉抹黑。

在1944年7月27日，罗斯福总统将这两位骁将请到了夏威夷，由自己的参谋长、海军五星上将莱希和哈尔西上将作陪，一道共进晚餐。

大家心平气和地讨论了太平洋战争的局势，两位意见分歧的将军指着墙上的地图，向总统兼三军总司令罗斯福详细阐述了自己的主张。

罗斯福尽力使双方的分歧缩小，最终按照麦克阿瑟的意见制订了作战计划，把下一个进攻目标定为菲律宾，尼米兹保证向陆军提供有力的支援。

为了完成沿新几内亚海岸挺进的行动，麦克阿瑟必须控制这个巨大岛屿西端的杰尔芬克湾和福克尔科帕半岛的主要地形。比亚克岛以西50千米的诺埃莫福尔岛上有3个日军机场。空军指挥官肯尼建议，如果飞机从诺埃莫福尔起飞，就可对福克尔科帕半岛实施大规模空袭，继而控制杰尔芬克湾。

麦克阿瑟决定在打赢比亚克岛战役后利用空降与两栖联合突击攻占诺埃莫福尔。

7月2日，第一五八步兵团在诺埃莫福尔登陆，来到距离其中一个机场只有100米的地方。第二天上午，第五〇三伞降步兵团的一个营被空投到机场增援进攻部队。独立日那天又空投了第二个营。诺埃莫福尔的2000日本守军撤回到该岛中心的高地上。他们顽强战斗，但最终还是被歼灭了。美军伤亡400人。日军只有极少数人幸存下来。

夺取诺埃莫福尔后，7月30日，麦克阿瑟突袭了福克尔科帕半岛上的一个名叫桑萨波的渔村。第六步兵师大举登陆，其中还包括几千名修机场的陆军工兵。桑萨波附近几乎没有日军。入侵部队两周后发起攻击，他们几乎不费吹灰之力就击退了无心恋战的日军。

现在麦克阿瑟控制了长1300千米的整个新几内亚岛。他在夏威夷期间，"厄尔特拉"情报显示，日军为阻止麦克阿瑟从新几内亚岛向菲律宾的前进，正在构建一个三角防御区。

这个三角防御区以哈马赫拉岛、棉兰老岛东部的帕劳群岛和棉兰老岛为依托。80000名日军地面部队和拥有500架飞机的三个航空军驻守在这个三角防御区内。将近半数的日军部队驻在哈马赫拉岛。敌人似乎已经了解麦克阿瑟的企图。

麦克阿瑟决定离开总司令部几天，参加第三十一师进攻哈马赫拉岛的战斗。9月10日，达斯蒂·罗兹开飞机把他从莫尔兹比港带到霍兰迪亚。两天后，麦克阿瑟登上"纳什维尔号"，这艘巡洋舰加入了沿新几内亚海岸向西北行进的护航运输舰队。

9月15日破晓时分，"纳什维尔号"和其他战斗舰艇驶入哈马赫拉湾，炮击日军的海岸防线。面对此番猛烈炮击，日军低下了头，但是大自然却做出了反应：甘科诺拉火山爆发。一时火光冲天、浓烟四起。当舰队向东北方向转弯朝莫罗太岛驶去时，整个舰队被铺天盖地的巨大尘云笼罩了。

上午8时，第三十一师的第一波次登陆。登陆艇在离岸200米至300米的长长的河口沙洲处停了下来。战士们沉着地下船，涉水上岸，把他们的M-1半自动步枪举过头顶，这时，肯尼的C-47运输机在他们上空飞过，向附近的海岸和丛林喷洒大量的滴滴涕。因为热带的斑疹伤寒比日军更危险。

10时15分，埃格伯格、莱尔巴斯和麦克阿瑟来到岸上。尽管实际上不远处有三个渔村，并且麻风病在几千米的范围内肆虐，但没有任何明显迹象表明该岛曾被人占领过。

麦克阿瑟在岛上逗留了三个小时后回到"纳什维尔号"巡洋舰上。

当这艘巡洋舰返回霍兰迪亚时，无线电通信一直处于静默状态。船上可以接收信息，但是到本次军事行动结束前不能发出任何信号，以免让敌人知道这艘舰在战场上及其所处的位置。

美国及盟国参谋长联席会议在魁北克召开会议，9月15日晚，尼米兹向参谋长们通报了几小时前从哈尔西那里得来的一条消息。

哈尔西的一支快速航空母舰特混舰队最近在空袭莱特岛上的目标时，实际上并没有遭到日军飞机的任何抵抗。一名跳伞的飞行员在莱特岛上躲了一天后也获救了。

这名飞行员报告说，曾帮助过他的菲律宾人说这个岛"一攻就破"。哈尔西请尼米兹批准他集结一支登陆部队，发起突然进攻，攻占莱特。

这些材料也被送到了"纳什维尔号"巡洋舰上。当麦克阿瑟看到这些材料时，他的眼前像过电影般闪现出了一幅幅画面：军事史上的一次最大胆的袭击，一场可与坎尼之战和滑铁卢之战媲美的伟大战役，一个即便是科西嘉天才（指拿破仑）也要品味品味的绝妙战略行动。

用金凯德的第七舰队和尼米兹提供的其他进攻登陆舰艇等可用的海上运输力量，他就能把六个师的部队全部送上岸。但为什么要把六个师全都送到莱特岛的海岸上呢？那是最稳妥也最平淡无奇的做法。

一个伟大的指挥官是可以做到一箭双雕的，他要同时攻打莱特岛和吕宋岛。他的部队要组成锤子和铁砧般的阵式：四个师的兵力从林加延湾登陆，两个师在莱特岛上岸，那么在菲律宾的42.5万名日军就会像坚果一样被麦克阿瑟的军队捶烂！

麦克阿瑟给马歇尔发去了一封电文，阐述了以上观点。如果参谋长联席会议同意了这项卓越而大胆的计划，就能一劳永逸地解决关于吕宋岛的激烈争论。

9月17日，上午9时，"纳什维尔号"在霍兰迪亚靠岸时，麦克阿瑟兴高采烈地走下船。就他所知，总司令部成员们正在讨论他的那项同时攻打吕宋岛和莱特岛的计划。这趟旅行使他精神振奋，他觉得似乎可以把握命运了。

马歇尔是否要做出修改还不清楚，但在麦克阿瑟回到新几内亚几天后，马歇尔派作战处处长约翰·赫尔少将前往澳大利亚。

赫尔希望更多了解有关麦克阿瑟解放菲律宾的计划。麦克阿瑟告诉赫尔应该绕过的是台湾，而不是吕宋。位于吕宋的空军和海军部队可以轻而易举地孤立台湾，没有必要攻占它。另一方面，麦克阿瑟奚落了金提出的通过实行海军封锁削弱菲律宾的日本兵力的建议，他认为，如果这种封锁能伤害谁的话，那伤害的也只能是菲律宾人，而不是日本人；他自己的目标则是切实可行的：在吕宋登陆30天后解放马尼拉，这是一个清晰而明确的誓言。

10月5日。麦克阿瑟终于获得了他自1942年春一直苦苦企求的那句话：他可以攻打吕宋。10月14日，他飞回莫尔兹比港，次日上午动身前往霍兰迪亚和莱特岛。

到1944年夏季之前，麦克阿瑟的每一步重大行动都是对空中力量的一次肯定。他已学会像其他地面指挥官一样合理利用空中兵力，他既了解航空兵的灵活性，也了解其脆弱性。他知道飞行员能做什么，不能做什么。他知道根据天气状况、飞机的种类和数量搭配、地面部队的紧急需求、空中战役的总体需求和敌军的行动，空战每日是怎么变化的。

莱特岛长115千米，北部和南部宽40千米，但中部只有15千米，很适合麦克阿瑟的部队登陆。那里的机场可停放肯尼的在林加延湾海岸线内飞行的战斗机，这些飞机将为吕宋的两栖进攻提供掩护。

但是当肯尼仔细研究将在1944年夏投入使用的这4个机场时，他才发现他们在岛上的位置不利。这几个机场都位于莱特湾或莱特湾附近，而且靠东面，这是整个岛上天气最恶劣的地方，而进攻的时间正处于雨季。机场所在的地点又排水不畅。

当初在那里建造机场是出于商业考虑的，它们足以容纳往返于当地首府塔克洛班的轻型飞机。它们或许能承受日本战斗机和其他比肯尼的P-38和P-47稍小的飞机的起降。如果不重建这些机场，它们是绝对不能停放他的轰炸机的。

肯尼坚持要在攻打莱特的计划中将攻占岛的西岸包括进去，这样可为他提供平坦的、排水良好的机场。

麦克阿瑟表示同意，因为进攻莱特的最初计划就是从两侧实施打击。在莱特湾东侧实施两栖进攻，与此同时，空降第十一师在西侧空降，占领可用于建造机场的场地。

但当进攻日期提前至10月20日时，上述方案便被放弃了。麦克阿瑟的工兵们告诉他，雨季到来时，很难在塔克洛班建造机场。

麦克阿瑟早就知道这一点，实际上，在他们当中某些人还没有出生时他就知道这一点。他早在1903年就考察过塔克洛班海岸附近的地形，那时他也是一名陆军工兵。

尽管如此，麦克阿瑟还是把他们的反对意见放到一边，要求他们于登陆5天后在塔克洛班建好一座5000米长能够停放一个战斗机群的临时机场，随后再建几个停放轰炸机、侦察机和更多战斗机群的机场。

他指望在他们登陆的头三天由哈尔西用他的快速航母上的战斗机为他提供掩护，而凯西的工兵则竭力在泥泞中建造机场。700多艘舰船沿西北航线向北进发，目标是菲律宾中部。

与这次进攻相比，1944年6月6日的横渡海峡的进攻只是一次摆渡战。这确实是一支无敌舰队，整个进攻舰队由20多艘航母、12艘战列舰和近100艘巡洋舰和驱逐舰及上千架飞机护航，掩护和输送着75万士兵，带着他们所有的装备和火炮穿越宽广无垠的海域到达敌人大后方的遥远的海岸作战。

10月20日黎明，战列舰和巡洋舰靠近了要登陆的海岸，并开始用他们的大口径火炮轰击。炮弹的轰鸣震撼着莱特湾的水面，震撼着寂静的清晨。

攻击部队由四个师组成：第一骑兵师和第二十四步兵师在塔克洛班机场附近登陆，这是这一天最重要的战术目标；其他两个师，即第七步兵师和第九十六步兵师，将在南边的杜拉格附近登陆，在那里有肯尼要占领并将赶修的三个简易机场。

上午10时，登陆部队的第一波上岸，他们在大部分地区几乎都没受到什

么抵抗。日本部署在莱特岛上的部队约2000人，但他们知道他们建造的掩体经受不住太平洋舰队为制压海岸防御而进行的炮击。

只有在有岩洞的地方如比亚克，他们才可能把岩洞加固并挖深，这样一来哪怕是直径16英寸，重达1吨的海军炮弹也很难摧毁它们，除非是刚好命中。但是莱特岛的海岸上几乎看不到任何岩洞。于是，日军将大部分防御部队撤到俯视海岸的山上，在那里他们能用迫击炮和机枪扫射登陆部队。

从"纳什维尔号"巡洋舰的甲板上，很难看到岸上发生的事情。密集的炮火传来震耳欲聋的声响，头顶上有变幻莫测的火箭弹曳光，时而传来在低云层中穿过的海军战斗机的呼啸声，加上沿海岸线的浓烟和从下直伸向云间、带着火舌的浓黑烟柱，这一切都好像是这场战争的背景，而不是战争本身，麦克阿瑟沉静地观测着。

下午14时30分，登陆艇靠近海口沙洲，开始慢慢停靠在另外四艘已经靠岸的登陆艇旁，其中一艘登陆艇正起着火。在登陆舰停靠地的内陆上，海军的俯冲轰炸机正在向日军阵地进攻。

舰上的舷梯降下，四名随军记者冲下舷梯，其中两人带着照相机，准备记录下这位将军重新踏上菲律宾国土的这一时刻。麦克阿瑟下船，他的属下奥斯梅纳、肯尼和金凯德紧紧尾随其后上岸。在舷梯底部，海水没过了他的膝盖。

他的下巴向前伸着，显得气宇轩昂，他大步走了约50米才走上柔软的沙滩。当他的美国和菲律宾伙伴围上来时，他只简单地说了一句话："我回来了。"

这是一句简洁的、无可辩驳的事实，从他的嘴里平静地说出，好像是在随意地交谈。一会还要正式发表讲话。奥斯梅纳伸出手来与麦克阿瑟握手，以官方身份欢迎他回到菲律宾。

滩头阵地的报告表明，这将是战史上代价最小的重要登陆行动之一。尽管这次登陆并不像麦克阿瑟在头一天晚上祈祷的那样是一次不流血的胜利，但他确实感到他的祈祷得到了一些回报。

在这个重要的一天里，麦克阿瑟将要完成的最后一件事是写公报。他写道：

在一场大规模两栖作战中，我们已经占领了菲律宾莱特岛的东岸，它离莫罗太600千米，离米尔恩湾2500千米，我们在16个月前就开始进攻米尔恩湾了，这次是总司令亲自指挥作战。

10月23日早晨，麦克阿瑟跟他的参谋们离开"纳什维尔号"巡洋舰，参加奥斯梅纳正式就任菲律宾共和国总统的仪式。

就职仪式在塔克洛班的地区议会大厦前的台阶上进行。这座大厦和这个城镇一样，在战争中没有受到严重的损害。仪式结束后，麦克阿瑟向莱特的游击队长鲁珀托·坎列昂上校授予了服役优异十字勋章，奥斯梅纳任命坎列昂为莱特岛总督。

那天晚上回到"纳什维尔号"后，他听说哈尔西不告而撤出战场，去追击日军航母去了。一场大海战已经开始让莱特湾的水面不能平静。金凯德告诉麦克阿瑟说，日军的弹药好像快用光了，"纳什维尔号"应该到战场支援作战。

第二天晚上莱特湾上空开始回荡起枪炮声。漆黑的夜幕被橘红的火焰和炫目的白光撕破。海水在弹药的爆炸中颤抖。

这时候，哈尔西的第三舰队以最大航速向北去追逐日军的航母，航母上共有29架飞机。哈尔西以30节的速度撤离战场，使从菲律宾中部水域到莱特湾的主要航线失去掩护。

10月25日上午，当战争进入高潮时，金凯德坚持要麦克阿瑟离开"纳什维尔号"巡洋舰，以便让该舰投入战斗。麦克阿瑟不情愿地转移到另一艘舰"瓦萨奇号"上，克鲁格的第六集团军指挥所就设在这艘船上。

从北部进入莱特湾的日本舰队部署成纵队，正好遭遇到美军6艘老式战列舰，其中5艘是从珍珠港的泥浆中打捞出来的。美军指挥它利用海军传统的T

形交叉战术，集中这6艘老战列舰的火力一次对付一艘来袭的战列舰。

日军舰队眼看着自己的几艘巡洋舰被炸后，剩下的调头逃跑，又遇上了美军潜艇跟踪。哈尔西在这场战争中也做出了贡献。

从南部进入莱特湾的日军舰队有5艘快速战列舰、9艘巡洋舰和14艘驱逐舰。夜间，他们有两艘战列舰已经被美军潜艇击沉，但现在这支舰队很有威慑力地压倒了莱特湾的16艘美军护航航母。紧急起飞的美军飞机向日舰发起了攻击。但由于护航航母使命与大型航母完全不同，所以他们的飞行员们没有受过攻击战列舰的训练，而飞机上的武器装备也是不适宜对军舰进行攻击作战的。

尽管如此，它们还是云集在来袭日舰的上空，迫使他们采取规避措施，同时，金凯德的驱逐舰则用鱼雷对日军战列舰和巡洋舰进行攻击。日军舰队的海军将军们经过数小时的忙乱行动后，精神已彻底崩溃了，只得撤出他们的舰队，而美军潜艇追踪其后。

日军联合舰队在莱特湾海战中损失3艘战列舰、4艘航母、6艘巡洋舰和14艘驱逐舰。然而10月25日，当日本海军的希望之光渐渐消退时，他们亮出了他们的撒手锏，即神风特攻队。

日本的9架自杀飞机在莱特湾上空盘旋，它们没有冲向金凯德的舰艇，而是跟这些护航航空母舰相撞，致使1艘航母沉没，3艘遭到严重损坏。

在随后的24小时中，日军摧毁了将近一半的P-38飞机。肯尼将战斗机群其余的飞机调来，但这些战斗机仍继续遭受打击。在一天时间内，这座小城和机场要被日军轰炸十多次。

晚上的空袭最密集，对麦克阿瑟的参谋部的一些参谋来说，这是一次可怕的经历，但麦克阿瑟仍像往常一样没把这些空袭放在心上。

占领莱特的关键地点不是塔克洛班而是奥莫克，这是岛上最大的港口，位于西部海岸，离第六集团军进攻的地方30千米。为了到达奥莫克，克鲁格的战士们不得不边打边前进，翻越横亘在他们前方的山脉，并进入莱特岛。

穿过莱特谷的稻田，还得翻过一座山进入奥莫克山谷中。到了那儿，他

们还要再超过几座山峰，才能到达西北部的海岸平原。

在东京日军总部，日军参谋们越是仔细研究地图，就越确信为夺取莱特岛值得打一场大仗，地形对守军一方非常有利。但在菲律宾的日军司令山下奉文将军却反驳说，尽管莱特有地形上的优势，但没有必要为它而战。

山下曾因从美国手中夺取新加坡而名声大振。他个子不高，秃顶，肌肉发达，智慧过人。没有人会怀疑他的能力或他的好斗本性，在他看来，自从联合舰队在莱特湾战役中失败后，试图攻占莱特岛是完全没有意义的。尽管日军可以让美军为莱特付出很高的代价，美军还是不可避免地会夺取这里。他认为全力攻打吕宋而放弃莱特更有意义。

山下的想法是正确的，但是他仍没有说服日军总部，总部将增援力量送至奥莫克，决定让美国第六集团军在那些偏远的山上和山谷中打一场艰难而残酷的战役。

尽管克鲁格的第六集团军在人力和火力上都占有强大的优势，但他们的挺进速度却不快。正如工兵军官所预言的那样，潮湿的季风已将山谷地区变成了一片浅湖。

因为那年秋天，几十年来最恶劣的季风气候入侵菲律宾中部。必须调用登陆艇到莱特谷运送补给品和装备，而空军工兵在塔克洛班和杜拉格建造足够的机场的努力也几乎被完全破坏了。

在适合飞行的天气里，日军与美军在空中势均力敌。实际上，美军并没有像原先预想的那样获得空中优势，第六集团军只得在无制空权的情况下继续进攻，直至10月中旬还没有拿下莱特岛。

麦克阿瑟刚刚使第七十七步兵师隶属于自己，这个师参加了6月份的关岛之战。麦克阿瑟告诉克鲁格如果第六集团军感到没有能力占领奥莫克，他将考虑让艾克尔伯格指挥莱特战役，而且第八集团军将利用第七十七师作为前锋向奥莫克发起进攻。

在这个关头，克鲁格妥协了，他要求再给他3个星期时间攻占莱特，并说第六集团军欢迎第七十七师加入，并打算用第七十七师在奥莫克登陆。

在珍珠港事件纪念日这天，第七十七步兵师在奥莫克南几千米处的海岸登陆，给了日军出其不意的打击，奥莫克城在3天后被攻克。

这是一次完全成功的战斗，但美中不足的是：仍有4万多日军在莱特岛上作战，看来他们不会投降，日军仍占据着奥莫克山谷的绝大部分。克鲁格的形势岌岌可危，肯尼要建立空中优势还缺少机场跑道，而且这场该死的大雨还在不停地下着。

在莱特岛中部的缓慢推进，加上没有建成机场，使得原计划在吕宋的登陆时间推迟了，这使麦克阿瑟感到非常为难和懊恼。

1944年12月18日，他被授予新设立的陆军五星上将军衔，日期比马歇尔晚两天，比艾森豪威尔早两天。

当天他还发布了一份特别公告，宣布莱特岛已经光复，只剩下一些扫荡工作。他将这一任务交给了艾克尔伯格和第八集团军。克鲁格和第六集团军撤出，他们将去攻打吕宋。

亲自主持
日本受降仪式

在莱特岛战役中美军阵亡3500人，伤12000人。日军在保卫莱特岛的战斗中损失约50000多官兵，另外还有40000余人乘船前往莱特岛的途中因船只被美军的潜艇或飞机击沉而葬身海底。

尽管莱特之战让山下奉文将军的队伍损失了近10万人，但他仍有27.5万人可用于保卫吕宋。但他不想让这些官兵在林加延湾海岸的战斗中遭到无谓的伤亡，在那里他们可能会被美国海军的炮火歼灭。

他也不打算死守马尼拉。如果那样，他就得打赢吕宋中央平原一仗，但是他没有足够的火力和机动力在美国拥有回旋余地的地方和麦克阿瑟决战。他唯一能做的事情大约就是进入山区，这是吕宋岛上特别有优势的地方，他们可以在那里修工事，坚守阵地等美军自己送上门。

他在吕宋北部山区部署了约15万人；还有75万人部署在马尼拉以东的高地上；另外30000人沿着俯视克拉克机场的高地布防，只留下20000人保卫马尼拉，16000海军陆战队保卫港口。

1月8日，在夜色的笼罩下，美军舰队在林加延湾集结。第二天破晓时分，海湾里云集了一大片来往的舰船；从海平面的一端到另一端分布着800艘灰色船只。

他们决意进攻东海岸是因为这一带有最适合登陆的海滩。山下奉文料到麦克阿瑟的部队会这么做，因此将他最精锐的部队部署在山上，俯视他们的一举一动。与此同时，克鲁格计划在林加延湾南端登陆，部分登陆海岸被河口沙洲阻挡，而且风大浪高。他想出奇制胜，减少人员伤亡，这是他梦寐以

求的可与麦克阿瑟相媲美的成就。

1月9日清晨，在海军炮击后，第六集团军投入四个师登陆。他们几乎没有遭到抵抗，在有些地方部队几乎是跑步上岸的。午饭后，麦克阿瑟、萨瑟兰、埃格伯格、莱尔巴斯和其他几个参谋登上一艘登陆艇前往圣法比安附近的海岸。

1月13日，麦克阿瑟将他的前指转移到岸上，住在从海湾向内地走4000米的达古潘镇的一所中学里。他把操场上的一所平房作为自己的寓所兼办公室。

在那儿的头几天，他心情乐观、兴高采烈，但后来便开始和克鲁格发生矛盾。他想让克鲁格在1月26日，即他的65岁生日以前，南下攻占马尼拉。

而克鲁格担心，如果他大举南下，日本可能对他采取什么行动。他只想巩固登陆第一天所占领的滩头阵地，等待本月晚些时候增援部队到来。然而不仅仅是麦克阿瑟一个人催促他对马尼拉发动进攻，肯尼也叫嚷着要陆军占领大致位于林加延湾和马尼拉中间的克拉克机场。

在这个节骨眼上，麦克阿瑟收到了来自马歇尔的电文，马歇尔告诉他，陆军部计划向总统上报一份职务晋升名单。

问麦克阿瑟是否要推荐什么人？为了推动克鲁格更加合作，3月18日，麦克阿瑟推荐克鲁格升为四星上将。

不知道是为四星上将的前途所打动，还是因为第六集团军需要它所能得到的所有空中支持，克鲁格动心了，允许第三十七师和第四十师向克拉克机场进军。

结果，就像推一扇没有上锁的门一样畅通无阻。部队沿着三号公路以每天10000米的速度长驱直入，它遇到的抵抗微乎其微。

事实证明，攻占克拉克很容易。难的是如何让这个地方发挥作用。成千上万的日本人埋伏在山上，居高临下，将这里的六个机场置于其炮火打击之下。

第四十师必须进入山区，把他们驱赶到火炮射程之外，并最终把他们从

战壕里抠出来。

在第四十师攻占克拉克以前，克鲁格就清楚地表明他不想朝马尼拉的方向再前进半步了。他确信埋伏在吕宋中央平原以北和以东的山区里成千上万的日本人会突袭连接林加延和马尼拉的主干线三号公路，并打垮他的右翼。

在他的后援部队，主要是第一骑兵师和第三十二步兵师，从莱特调到林加延之前，他什么机会也不会有。

麦克阿瑟认为克鲁格对周围形势的判断是大错特错。他还批评了威洛比，因为他夸大日军的实力，无形中增加了克鲁格的恐惧心理。

如果山下奉文让他的人进入平原地区，那就无异于要他们自己被美国的坦克、飞机和自行火炮消灭光。事实证明确实如此，在争夺克拉克的战斗中，当日本第二坦克师的一个装甲团从高地冲下来企图切断三号公路时，确实被美军一下子歼灭了。

1945年1月31日，麦克阿瑟命令艾克尔伯格的第十一空降师的两个滑翔团乘坐登陆艇在纳苏格布湾实施两栖进攻。三天后，该师唯一的伞兵团空

麦克阿瑟将军（左一）在前线

降，攻占距离登陆滩头1万米处的高地。但空降师在接近马尼拉南部近郊时，遇到日军的顽强抵抗。

日军严密防守着进入市区的唯一接近路，而第十一空降师正试图由这条路上进入。部队在这里戛然止步，日军防御部队迫使他们停留在尼科尔斯机场南两千米处。

与此同时第六集团军的两个最好的师，第一骑兵师计划1月27日到达林加延湾，然后沿五号公路进军；第三十七师从克拉克机场附近的驻地出发，沿三号公路向马尼拉市前进。事实上，第三十七师已经处于林加延到马尼拉的中间了，但第一骑兵师有更强的机动能力，丰富的作战经验和强烈的团队精神。他们自认为是美国陆军最好的师。

麦克阿瑟急于到达马尼拉的迫切心情常常驱使着他叫吉普车开到先遣部队的前面。

1月30日，在克拉克机场附近，他设法让车开到交火地带的中间，日军的3挺机枪在他左侧不到100米处向他右侧不到100米处的美军炮兵连射击，而炮兵连则通过概略瞄准向藏在战壕里的日军射击。

在这个时候，第一骑兵师从林加延湾海岸向南挺进。当晚，麦克阿瑟见到维恩·马奇师长并告诉他："去马尼拉。我不管你怎么去，到那儿就行，而且要快。要避免人员伤亡。你可以绕过日本鬼子，超越日本鬼子，但一定要到马尼拉，救出圣托马斯集中营的战俘，占领马拉卡南宫和议会大厦。"

马奇组织了一支由800名勇敢的志愿者组成的飞虎队，分乘吉普车、卡车和轻型坦克向马尼拉全速前进。

两天后，飞虎队到达马尼拉东北74千米的甲万那端。骑兵师的战士们涉水过河，把日军赶出了甲万那端。

上了五号公路。这支飞虎队在6小时之内行进了75千米，于2月4日黄昏时到达马尼拉市区第三十七师。沿三号公路紧赶慢赶，还是晚到了12个小时，于第二天凌晨到达马尼拉。

麦克阿瑟实现了他登陆后四个星期内到达马尼拉的誓言。他还希望用一

支精干、行动快捷的力量迅速突破马尼拉，趁日本人正晕头转向时，让他的部队去解救被关押在市里和周边的几千名盟军战俘。

如果能让部队迅速入城，就可以不战而拿下这些集中营，但是如果陷入艰苦而血腥的包围战，就很容易提醒日本人在无望的战斗的最后几天大举屠杀他们的战俘。这些天来，麦克阿瑟对盟国战俘的命运深深地担忧。

2月5日上午，第一骑兵师的飞虎队插入北部郊区并向圣托马斯大学进发，日军在那里关押着3500名战俘，主要是美国公民。

与此同时，第三十七师前往比利比德监狱。他们赶在日军炸毁山谷上的一座桥梁之前将其占领，没开一枪一炮就占领了比利比德监狱，释放了那里的800名囚犯。

2月7日，麦克阿瑟、埃格伯格、莱尔巴斯和其他十来个司令部的先遣梯队参谋人员分乘几辆吉普车出发向马尼拉驶去。麦克阿瑟径直前往比利比德监狱。进入监狱以后，他发现自己置身于但丁曾描绘过的那种惨不忍睹的景象之中，令人不堪忍受成为其中一员的巨大痛苦。

几百人抬头凝视着他，这些人虚弱得除了从他们躺着的地方努力地向他微笑以外什么也做不了，他们像一具具尸体一样直挺挺地躺在污秽不堪的简易窄床上，虽生犹死，几乎已经为葬礼做好了准备。

他回到吉普车里，驱车前往圣托马斯集中营，这里的情况比比利比德监狱要好一些。但这里的景象也一样惨不忍睹。

当总司令部计划夺回科雷吉尔多时，麦克阿瑟采纳了参谋长萨瑟兰的采用空降部队和两栖部队同时发起进攻的办法。

2月16日，第五〇三伞降步兵团大约2000人进行空降着陆，与此同时，1000步兵在悬崖底部的狭长海岸上登陆。这次进攻完全出乎日军意料之外，日军总共约有5000人。

第二天美军又空降了1000人的增援部队。夺回罗克的战斗十分激烈，第五航空队的重型轰炸机用凝固汽油弹几乎炸平了科雷吉尔多的大部分地区，与此同时，海军驱逐舰在直射射程内从海上向岛上的岩洞和隧道入口处射击。

　　罗克之战是对装备精良、很好地隐蔽在战壕中的敌人的一次残酷的近距离作战。

　　2月21日夜，共有2000日本人在马尼拉隧道中自杀，他们用数百吨烈性炸药将自己炸死。

　　然而，战斗还在继续。有组织的抵抗又持续了一个星期。美军收复科雷吉尔多的代价是1000人伤亡。

　　当这场战斗还在激烈进行时，麦克阿瑟对另一所监狱发动了突袭。马尼拉的南部有一个大潮，叫做拉古纳。拉古纳湖南岸耸立着洛斯巴诺斯拘留营，这里关押着2000多名美国人和菲律宾人，这些人当中主要是传教士和修女。

　　2月24日，第十一空降师几百名滑翔兵发起强渡大潮的两栖进攻。拘留营的日本卫兵惊讶得乱作一团，以致忘记屠杀他们的囚犯了。所有的被拘留者

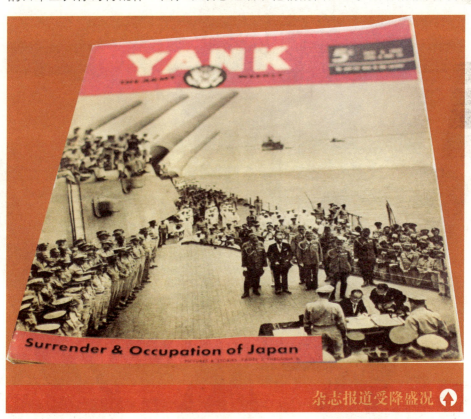

杂志报道受降盛况

047

没有受到任何伤害，都获得了自由。

　　这次戏剧化的突袭是整个事件的闪光点，否则这里将是一幅悲剧性的场面。负责马尼拉作战指挥的日本海军上将岩渊山治手下有35000人，他拒绝执行山下奉文保全马尼拉的政策，而是把他自己无政府主义的观念强加给这座城市里无助的居民、古老的建筑和倒霉的军队。

　　让马尼拉变成战场并不能使日本赢得丝毫的战略或战术优势，破坏这座城市也不能给日本带来荣誉和光彩。残杀马尼拉人不会让日本的失败推迟一天时间。一切都无济于事。守军拥有大量的自动武器，弹药库里充斥着军械。

军舰

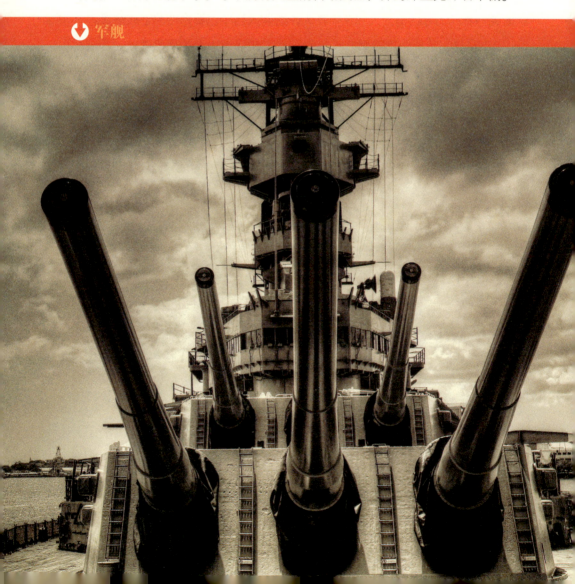

每一个主要路口都设置了路障；街道上布满地雷；数千建筑物里都埋置了饵雷；马尼拉湾的海军舰艇被拆解了武装，船上的大炮被拖到岸上。就像他们征服其他地区时的做法一样，日本兵围捕了大批市民，然后不分青红皂白地将他们屠杀。这些暴行是根本没有任何理由、也开脱不了的。

麦克阿瑟发现自己不得不为这座城市而战，这是一场会毁灭这座城市的战斗。他尽力不伤害这里的人们。肯尼建议轰炸称为"内城"的有城墙的市区，把它夷为平地，免得步兵还要把守军从城里"抠"出来，麦克阿瑟对此建议不予考虑。

"不，我不能让你这么做，"他告诉肯尼，"你可以全歼日本人，这没问题，但是那里还有几千菲律宾人也会死。"

结果，麦克阿瑟不让肯尼向马尼拉的任何地方投放炸弹。因为当时轰炸的精度还不能保证让人口密集的城市中大量无辜市民免遭杀害。

起初，麦克阿瑟尽量避免在这场战斗中使用重型炮，但是当他的部队受到日军炮火的猛烈袭击时，他不得不解除了这些限制。当时的美国大炮是全世界最好的。这种火炮的协同性与控制能力都很出色。麦克阿瑟发现，一旦开火，这种炮几乎能摧毁人类能建造出的任何东西。

在马尼拉之战中，大部分建筑物是被美国的炮火毁坏的，而死难的数万菲律宾人中大部分则是日本人杀害的。

马尼拉市中心被打得四分五裂，建筑物分崩离析。这一战制造出了历史中最血腥的也是本世纪里最壮观的火葬场之一。"火焰有1000米高，而它喷冒出来的大片大片的黑色浓烟则高达2000米。"一位胆战心惊的将军记录下了他在战斗开始阶段从飞机上看到的情景。

美军进入马尼拉后不久，麦克阿瑟司令部的参谋们就拟出了胜利大游行计划，但是战斗迫使这一计划推迟，再推迟，最后取消了。

在收复马尼拉以前，整个城市只剩下四个没有遭到破坏的公共和商业建筑了。这座被称为"东方明珠"的城市已是废墟瓦砾堆。日军实际上被歼灭35000人。麦克阿瑟的战斗伤亡人数是6500人。

1945年7月，美国陆军数十万人从欧洲战区出发前往太平洋战区，陆军部时刻监视着日军在九州的大规模集结。

一些激进分子描述了一幅令人生畏的场面，说是一个巨大的杀人场正在筹建之中。仓库里近5000架神风特攻机只加注了够飞单程的汽油。美军从80000名日军手中夺取冲绳，却付出了伤亡50000人的代价。如果按这个比例推算正像马歇尔担心的那样，攻占九州美军将伤亡27.5万人。

当时被授权指挥太平洋战略空军部队的卡尔·斯帕茨将军7月31日到达马尼拉，向麦克阿瑟出示了投放原子弹的命令。

史汀生设法将日本文化中心京都从预定要轰炸的城市名单中撤销了。由长崎取而代之。斯帕茨说，一切都准备就绪。

麦克阿瑟断定这颗炸弹将使日本退出战争。8月2日，他告诉肯尼战争将在两个星期内结束。

五天后，日本南部的天空万里无云。当天下午，麦克阿瑟在马尼拉市政大厅召开了异乎寻常的不准记录发表的记者招待会，邀请了25名战地记者参加。

他谈到了这次战争，但是他脑海里真正想到的却是即将出现的新战争。他坐在舒适的真皮扶椅中讲了一个小时。他说："子弹将把战争恐怖扩大几万倍。现在是技术当家。我还清楚地记得，还只是在10年以前，第一架泛美大型远程客机到达马尼拉时，全世界都为这一巨大的成就欢呼。而1945年，每天有几百架飞机飞越太平洋，却没有人对此大惊小怪了。"

至于日本，它已经被打败了，它的当权者也知道这一点。苏联准备加入对日战争，为这场战争增添他们的力量，他欢迎这种变化。

记者们回到他们的办公室，而来自华盛顿的消息刚刚通过电传打字机传来：广岛已经被一颗原子弹炸毁了。

然而直至此刻，代表日本政府的六位军官实际上拒绝投降。他们认为美国的入侵太血腥、太恐怖了，因此美国当然应该向他们提出更好的投降条件。在无记名投票表决中，他们投票主张继续战斗。

两天后，8月8日，苏联向日本宣战。斯大林不想在瓜分太平洋战争的胜

利果实时被排除在外。

1945年8月9日，美国在长崎投放了第二颗原子弹。

日本战时内阁投票结果是3∶3，日本天皇自1941年来首次发表意见。他建议他的政府寻找投降的途径。

8月15日，麦克阿瑟被任命为盟军最高司令官，也就是说由他接受日本投降。

他不想私下处理这一事件，不像艾森豪威尔那样，允许德国在上午很早的时候，在一间阴暗的普通教室里向他投降。麦克阿瑟想要一个仪式，要举办一个盛大的有纪念意义的仪式，让全世界都能看到。

海军对让他接受投降的事不太高兴，但是在"密苏里号"战列舰上举行这一仪式有助于抚慰他们受伤的自尊心，还肯定会让总统哈里·杜鲁门高兴。而总统的女儿玛格丽特曾为这个重达45万吨的庞然大物剪彩下水。

9月2日这一天，在"密苏里号"军舰上，麦克阿瑟作为美国的全权代表，与中国、苏联、英国等代表一起，接受了日本的正式投降。全世界终于迎来了没有硝烟的和平的日子。

元帅韬略

蒙哥马利

　　伯纳德·劳·蒙哥马利，英国杰出军事家、英国陆军元帅、战略家。第二次世界大战时期，以指挥阿拉曼战役获胜而著称于世。1943年参加攻占西西里和登陆意大利战役，1944年统率盟军进入法国，6月6日指挥盟军进攻诺曼底，取得了诺曼底登陆作战的胜利。1945年他指挥第二十一集团军群横渡莱茵河进入德国本土，代表盟军接受德军北方兵团的投降。

从零起步

升任集团军司令

　　1887年11月17日，伯纳德·劳·蒙哥马利出生在伦敦肯宁顿区板球场圣马克教区的牧师寓所。

　　1889年，蒙哥马利的父亲被任命为澳大利亚塔斯马尼亚的主教，全家便搬到那里。1901年，蒙哥马利随父母返回伦敦，并于次年1月进入圣保罗学校读书。

　　1907年，19岁的蒙哥马利终于进入了英国桑赫斯特皇家军事学院，实现了他想当一名军人的愿望。在那里，蒙哥马利开始意识到生活就是一场严峻的斗争，必须通过艰苦的工作和绝对的努力才能获取成功。

　　1908年9月19日，蒙哥马利被分到皇家沃里克郡团。他没有别的兴趣和爱好，选择军事职业后，他便以全副身心投入进去。

　　1914年，第一次世界大战爆发，蒙哥马利被编入第四师第十旅前往法国、比利时参战。第一次世界大战结束时，任师司令部中校一级参谋。1920年1月，蒙哥马利跨进坎伯利参谋学院的大门，同年12月毕业后，参加爱尔兰战争。

　　1926年1月，蒙哥马利被调回参谋学院任教官。1930年，陆军部选派他担任步兵教令的重编工作。1934年，被任命为奎达参谋学院的首席教官。

　　1937年，蒙哥马利调任第九步兵旅旅长，因带兵有方，得到当时南部军区司令韦维尔的赏识。

　　1938年10月，任驻巴勒斯坦第八师师长，参与镇压巴勒斯坦人的武装暴动，晋升为少将。

1939年8月，蒙哥马利被调回国内接任以"钢铁师"著称的远征军第三师师长。接任第三师师长三天后，英国陆军于9月1日发布全面总动员令。当天，德国入侵波兰，英国向德国发出最后通牒。

9月3日11时，英国正式向德国宣战，同日17时，法国也向德国宣战。第二次世界大战在欧洲全面爆发了。

第三师经过战争动员后，开始向克鲁干地区集结。9月12日举行通信演习，13日举行不带实兵的司令部机关演习，19日国王乔治六世检阅全师，20日举行师前进指挥所与师情报所演习。

9月20日，由五名军官组成的先遣队前往法国。第二天，师运输部队向福茅斯进发。

9月26日，蒙哥马利召集全师营以上军官训话，宣讲他的攻防策略和对机动作战的看法。为了使预备人员有机会进行实弹射击，全师已使用了10万发步枪弹，但蒙哥马利仍坚持，全师在起航之前，每人至少还应投三枚手榴弹。

9月29日这天，第三师乘火车赶到南安普敦，在那里登船，于当日午夜起航驶往法国。

英国远征军司令为帝国参谋总长戈特，蒙哥马利认为这是一个错误，因为这项工作超过了他的能力。从

蒙哥马利将军

个人感情上来说，蒙哥马利认为戈特是令人尊敬的，他个性开朗，是个热心的朋友；他为人诚恳，从不做小动作和卑鄙的事。在他任团级军官时，曾经被人视为英国军队中团级军官的典范。

但蒙哥马利认为，作为远征军司令官，戈特的缺点在于他的经历。他在任帝国参谋总长以前，任过的最高职务是指挥一个步兵旅。而且他本人一向只关注作战事务，对部队的行政和后勤都缺乏应有的关注，而在现代化战争中，它们的重要性绝不低于战略，尤其是后勤工作。

另外，指挥系统也过于分散。戈特把他的总司令部设在哈伯克附近。各下属部门的司令部分别设在面积达130平方千米的13个村庄里。

司令部设置分散，对于通信联络来说十分不便。从一开始就麻烦不少，有时想要知道某人在哪里，或想下达某个命令就非常困难。

更糟糕的是，从宣战开始，他们的法国盟友就要求无线电静默，而英军多数报务员几乎没有操作实践，至于高功率的无线电接收机，更是从未碰过。结果可想而知，远征军内部的通信一直就很差劲，对外通信几乎没有。

与英国远征军这种一团糟的情况相反，德军不仅装备先进、训练有素，而且有着一个非常健全的、高效的指挥体系。对此，蒙哥马利在他的《回忆录》中写道：

我们派陆军参加最现代化的战争，而配备它的却是极不适当的武器和装备，这不能不说是我们的耻辱。1940年战争开始后我们在战场上早期所受到的失利的灾难只能归罪于我们自己。

应该责怪谁呢？我认为两次大战之间的历届英国政府，特别是1932年以后的政府，都有责任。因为那一年，才开始讨论在现代规模上重整军备的必要性。直至1938年还仍然停留在讨论阶段。直至1939年的春天才只在小范围内推行。

在1939年至1940年冬季，英国远征军的任务实际上是训练和自卫。反坦

克障碍、掩体、战壕和铁丝网，都必须修建。虽然军队里和国会里有许多人反对希特勒即将发动进攻的观点，但对英国军人来说，由于必须对付希特勒的坦克部队，他们至少应该假设希特勒可能发动进攻。

1939年10月，各种情报资料表明，某种事件正在酝酿中。10月29日，布鲁克和迪尔试图提醒他们的总司令、维多利亚十字勋章获得者戈特勋爵注意局势的严重性，但未获成功。

就在那一天，希特勒曾指示他的陆军总司令说，入侵低地国家（即荷兰、比利时和卢森堡）的"黄色战役"将在11月12日开始。但由于那年冬天天气恶劣，希特勒不得不一再推迟进攻日期。

1940年1月10日，希特勒终于下达了1月17日发动进攻的命令。只是由于盟军事前在比利时偶然俘获了一架迫降的德国飞机，机上载有有关"黄色战役"的全部材料，才迫使希特勒把入侵行动暂时搁置起来。不管乐观派们怎样认为希特勒不可能很快发动进攻，蒙哥马利和他的将军同事们还是处在必须对付德军猛攻的十分现实的危险中。

德军推迟进攻，使盟军在西线有了从事战争准备的机会。然而，从1939年英国远征军在法国登陆的那天起，直至1940年5月积极行动开始的那天为止，戈特统率的远征军司令部从未举行过行政、通信、情报、运动等演习，甚至也未进行过沙盘模拟演习。理由是服从无线电静默的需要，不便举行。

相比之下，第二军军长布鲁克却具有真正的大将风度。他看问题能够从大处着眼，全面衡量，遇事坚定而有决断。他以真正军人的敏锐眼光，正确地预见到数月之内，英国远征军将陷入"千钧一发"的险境。

同时，他也看清了蒙哥马利是一个优秀的训练者和组织者，于是放手让他去干，大多由他自己做主。

蒙哥马利很清楚自己的职责：必须在可供使用的极短时间内使第三师处于高效能状态。蒙哥马利使出了浑身解数，对他的士兵进行了严格的训练。蒙哥马利亲自计划和指导了五次大规模师演习和许多小规模演习，使第三师成为英国远征军中最训练有素的机动师。这项投资在战斗开始以后给他和部

队带来很大好处。

第一次师演习于10月30日举行，称之为"进入防御阵地演习"。1939年11月21日，第三师与皇家空军联合举行通信演习；11月26日，全师举行铁路输送演习。

12月，第三师举行第二次大规模演习。演习内容主要有：以汽车运输进行快速运动，夺取并固守一河，等待援军到达；准备并发起步兵、炮兵及空军协同的反冲击，将敌人打退至一地障后，如敌人超越此地障则可能成功地建立桥头堡。这次演习与1940年5月第三师进入比利时的任务十分相似。

1940年3月7日至8日，第三师举行第三次大规模演习。3月29日至31日，第三师举行第四次大规模演习。1940年4月11日，盟军部队全部进入一级战备状态，第五次演习计划只好取消。

1940年5月，德军闪电袭击西欧时，他与法比军队并肩作战，后被迫随英国远征军从敦刻尔克撤回英国。

蒙哥马利作为一个师长，从第三师抵达法国起到从敦刻尔克撤退止这整个时期内，一直表现得很出色。

1941年4月27日，蒙哥马利调任第十二军军长，该军负责防卫英国东海岸，保卫肯特和苏塞克斯地区的安全。

当时，在肯特郡指挥第四十四师的霍罗克斯说，蒙哥马利到来所产生的影响，就像在不列颠的这个乡村角落爆炸了一颗大炮弹一样。

蒙哥马利在第十二军巡视一遍后，认为部队过于松散，过得过于舒适，于是立即采取措施。军官太太被送上火车撤走，指挥官和参谋们被赶出办公室进行越野长跑，不称职的军官被撤换。1941年5月2日，蒙哥马利到职不满一周，便发布他的第一号训令，推翻其前任的战术原则，提出自己的防御作战原则。

三天后，蒙哥马利又把第十二军的全体机关人员集合起来，详细说明自己的防御作战思想，并要求大家彻底铲除前军长的"海滩防御"思想。

蒙哥马利认为，德军的任何入侵，必然包括空降和海上突击，而且后者

058

有装甲部队支援。因此，应集中防御海岸上可以固守的地区据点，等待预备队加入战斗，要不惜任何代价固守可能被德军用作桥头堡的主要港口、机场和通信中心。

为提高第十二军机动防御作战能力，蒙哥马利决定以演习来带动训练。为此，他在当年6月份精心组织实施了名为"醉汉"的全军大演习。

接着，又于8月4日进行了名为"大醉汉"的第二次大规模演习。这次演习的目的是提高部队的抗登陆和反空降作战能力。这两次演习，取得了圆满成功。

为检验部队自敦刻尔克撤退以来训练的效果，国内武装部队总司令艾伦·布鲁克决定在这年夏天举行一次代号为"保险杠"的大规模演习。有四个装甲师和九个步兵师参加了演习。演习基本上采用蒙哥马利在第三军和第十二军所举行的各次演习的模式。这表明蒙哥马利对英国陆军的训练施加了个人影响，这当然使他感到异常得意。

演习从1941年9月29日开始，至10月3日顺利结束。艾伦·布鲁克主持了这次演习，蒙哥马利则理所当然地成为裁判长。10月10日，蒙哥马利对270名高级军官作演习讲评，对演习的成功之处及所暴露出来的缺点分析得头头是道，令人叹服。不过，多少有一点好为人师的味道。所以，有些将领事后说："蒙哥马利是个令人生厌的家伙，但你不得不承认他说得都对。"

"保险杠"演习使蒙哥马利出尽了风头。回到第十二军后，意犹未尽的他准备再举行一次军事演习，着力解决"保险杠"演习中所暴露出来的一些问题。

就在这时陆军的人事有了变动：蒙哥马利被提升为东南军区司令，原东南军区司令佩吉特接替布鲁克任国内武装力量总司令，布鲁克则去接迪尔的班，担任帝国参谋总长。

上任后，蒙哥马利把东南军区改称为"东南集团军"，把自己列入"集团军司令"之林。这样，不仅能使他属下的官兵习惯集团军指挥部的指挥程序，而且能使他易于向两个野战军及东南地区其他部队灌输他的作战思想。

接着，蒙哥马利访问了所属各部长官，然后下达集团军司令个人备忘录，拟订出冬季训练计划。他的训练计划包括士兵的各种训练、部队的野外演习和不带实兵的各级司令部演习。集团军将组织五次指挥所演习，日期定在12月、1月和2月。

蒙哥马利第一份个人备忘录所关注的中心问题仍是军官训练。他在备忘录中写道：

我认为今冬我们必须特别致力于军官训练，以提高其专业知识水平。此项训练可在室内以模型进行，不会干扰第一节甲项所规定的主要训练目标。

蒙哥马利为了协调第十二军和加拿大军队，下了很大的工夫。加拿大军军长克里勒曾任加拿大参谋总长，他自以为自己不仅是加拿大军军长，而且是加拿大国家军事利益的保护人。这种态度使他多次同蒙哥马利发生冲突。

至1942年春季，加拿大军不再对东南集团军行文，而只称之为东南军区指挥部。

1942年2月，蒙哥马利拟订了一套预备队计划，以备德军入侵时调动辖区内的总部预备队时使用，但克里勒对此计划提出抗议说，加拿大预备队的部署，除非得到加拿大政府或其授权之代表的同意，否则不能调动。

克里勒的坚持态度，使他和蒙哥马利的关系在整个战争期间都处得很不融洽。

加拿大军的参谋长盖·赛蒙兹是位具有卓越能力的军官，蒙哥马利决定把他拉到自己一边。于是，他在晚上将东南集团军、第十二军和加拿大军的参谋长召集在一起，秘密协调工作。

在盖·赛蒙兹的协助下，蒙哥马利的战术理论被加拿大全军采用，而加拿大军的"击溃入侵计划"，则完全以他为第十二军拟订的计划为蓝本。尽管蒙哥马利对加拿大军的指挥并非一帆风顺，但最终还是将它完全置于自己

的控制之下。

　　为了了解部属，蒙哥马利经常访问下属部队，其影响渗透到东南集团军的各个层次。他的这种访问并没有因为他成为集团军司令而有所减少。

　　除此之外，蒙哥马利还参加演习、战术讲座、加拿大军研究周、新武器示范等。

　　至1942年，蒙哥马利已成为名闻遐迩的训练专家，他的作战思想也更为成熟。这一年蒙哥马利奉命飞往开罗指挥第八集团军。

进入非洲击溃
"沙漠之狐"

1942年8月31日，德军统帅隆美尔向北非英军发动了进攻。

蒙哥马利给隆美尔的非洲军团设计了一个英国军队从未设想过的陷阱，使隆美尔的进攻落得个搬起石头砸自己的脚的可悲下场。

蒙哥马利以新西兰师箱形阵地的南翼侧为基础，在箱形阵地与阿拉姆哈勒法山之间的缺口内部署了第二十二装甲旅，该旅坦克都在隐蔽阵地上掘壕固守。

第八装甲旅配置在哈勒法山脊以南一个靠后的阵地上。第七装甲师则配置在哈勒法山脊南面，向西保持一个宽大的正面，当敌人袭击时，马上撤退；当敌人袭击转向左面，逼向阿拉姆哈勒法山地时，就从东面和南面进行骚扰。

不管隆美尔采取什么样的进攻方法，这样的部署都能将他堵住。如果他朝正东方向进攻，那他将被第八装甲旅堵住，而第二十二装甲旅和两个师的炮兵将从其左侧猛击。

如果他突破地雷场后向左侧出击，那他将面对配置在隐蔽阵地上的第二十二装甲旅，而在他的右面则是严阵以待的第八装甲旅。

总之，不管隆美尔朝哪个方向运动，都将被困住，当隆美尔被困时，英国空军的飞机将以密集队形对其轮番攻击，实施"地毯式轰炸"。此外，蒙哥马利还将以空前集中的方式使用炮兵，把他在英格兰用无线电同时指挥大量火炮射击的试验用于实战。

对付隆美尔进攻的计划一经制定，就开始进行各项准备。在战役开始前

几天，第八集团军官兵都有一种特别镇静的感觉。当时的新西兰第五旅旅长霍华德·基彭伯格后来在《回忆录》中写道：

> 他（蒙哥马利）向我们详尽地说明了整个战役计划。我非常喜欢这一计划。我觉得它比以往任何一次战役计划都高明。
>
> 更令人高兴的是，我有了一种主意已定、镇静自若的感觉，这种感觉无疑是从集团军司令部那里感染来的。这是第一个典型的蒙哥马利式战役，一切准备活动都是在不慌不忙、时间充裕的情况下完成的。当德军进攻时，一切都已准备就绪了。

然而，蒙哥马利的对手隆美尔却并不镇静。当时，隆美尔不仅疲劳不堪，而且有病。他的医务顾问曾向最高统帅部报告说：隆美尔患有胃溃疡和鼻病，血液循环也不好，不宜再担任指挥职务了。

隆美尔本人也建议让古德里安来替换他，但遭到拒绝。实际上，在哈勒法战役之前和战役期间，隆美尔的身心都不是处于最佳状态。

拜尔莱因将军回忆说，隆美尔曾对他的医务顾问说："教授，我昨天作出的进攻决定是我一生中最困难的决定。其结果要么是我们在俄国的德军能够抵达格罗兹尼，而我们在非洲能够抵达苏伊士运河，要么是……"

蒙哥马利判断隆美尔可能在8月25日晚发动攻击，但隆美尔当夜并未攻击，第二天也无行动。至27日，蒙哥马利根据最新情报，判断德军的攻击将在两夜之后。隆美尔的进攻延期，使第八集团军有了较充裕的时间进行战前训练演习，进一步增强了战胜敌人的信心。

8月31日晚，蒙哥马利像往常一样，到了时间就上床。当隆美尔在半夜后发动进攻时，他早已睡着了。参谋长德·甘冈决定叫醒蒙哥马利，把消息告诉他。蒙哥马利答了一句"好极了，不能再好了"，马上又睡着了。

事情完全像蒙哥马利预料的那样发生了。简直可以说，在阿拉姆哈勒法山战役的最初几个小时内，隆美尔就打输了。

实际上，英国空军在8月30日黄昏就开始出动，用"威灵顿"轰炸机轰炸了隆美尔的装甲车停车场。

当非洲军团在地雷场奋力开辟通道的时候，他们发现地雷场比预计的要宽得多，复杂得多。第一个通道直至8月31日凌晨4时30分才开辟出来。

早上8时，隆美尔接到报告说，进展仍然十分缓慢。第二十一装甲师的冯·俾斯麦将军被地雷炸死，而非洲军团指挥官涅林也因受伤而不能指挥。

拜尔莱因接管了涅林的指挥，并和隆美尔一起决定继续进攻，企图在夜间迅速向东猛冲。其结果是德军坦克纵队在雷场中进展缓慢，而英军第八集团军和空军则已完全做好准备，坦克已开到战斗位置待命，炮兵也已做好开炮的准备。

由于坦克在松软的洼地上行进非常浪费汽油，隆美尔采取了一个折中方

🔺 蒙哥马利（右一）在前线

案，命令他的装甲部队向北做预定的左包抄运动。这样德军坦克就朝着英军第二十二装甲旅的隐蔽着的坦克开过来了。

隆美尔迫于燃料短缺，在那天傍晚就停止使用坦克了。这样，非洲军团就在皇家空军的照明弹和炸弹以及第十三军炮兵的轰击下停止了活动。

翌日，德军进行了一些零星的攻击，但远不如31日那样猛烈。6时40分，德军第十五装甲师对阿拉姆哈勒法山脊进行了短时间冲击。7时5分和8时30分，又分别进行了两次小规模的局部攻击。在此期间，德军还与第八装甲旅进行了一次剧烈交战。霍罗克斯牢记着蒙哥马利不允许第十三军的坦克从事近战的指示，在损失了几辆坦克后就把第八装甲旅撤回了。

9月2日，隆美尔开始了第一阶段的撤退，并在3日加快了撤退速度。

迫使隆美尔撤退的重要原因是英国空军轰炸了隆美尔用以发动攻击的后方基地托布鲁克，使他得到补给的可能性消失了。缺乏汽油意味着他无力重新发动攻击。

但蒙哥马利拒绝了一切要求坦克发起进攻的请求，并且实际上禁止霍罗克斯继续追击敌人和占领希迈马特高地。

蒙哥马利要让隆美尔保留下那里的观察哨，以便德军能够看到英军准备下一个大战役时将要采取的各种欺骗措施。到9月7日，非洲军团已在英军原来的地雷场及其后方站稳了脚跟，于是蒙哥马利下令停止这次战役。

在这次战役中，德军损失了约2900人和49辆坦克及装甲车辆；英军损失了1700余人和67辆坦克，其中13辆"格兰特式"坦克尚可修复。但英军掌握了战场主动权。

第八集团军司令部充满了兴奋与喜悦的气氛。但对蒙哥马利而言，这种兴奋的顶峰则是罗斯福总统的特使温德尔·威尔基的光临。

蒙哥马利亲自陪同威尔基到前方地区视察。正当盟军在挪威、法国、希腊、远东等战场遭受挫折之时，能向美国总统特使展示德国军团大撤退的景象确是一个令人自豪的时刻。

再接再厉
突破阿拉曼防线

阿拉姆哈勒法战役的胜利，犹如一针兴奋剂，使第八集团军的士气空前高涨。

1942年9月7日，战斗刚刚结束，蒙哥马利便总结出那次作战的经验教训，一共十条。

9月10日，蒙哥马利向整个集团军发布训练指示——第八集团军第一号训练备忘录，并且亲自监督所辖三个军进行训练。9月14日，蒙哥马利制订出代号为"轻步"的阿拉曼战役计划。

这个计划准备同时进攻敌人的两翼。由利斯指挥的第三十军在北面主攻，在敌防线与布雷地带打开两条走廊。由拉姆斯登指挥的第十军通过这些走廊后，在敌供应线两侧的重要地带布下阵地，准备消灭隆美尔的装甲部队。

在南面由霍罗克斯指挥的第十三军攻入敌阵地，与第七装甲师联合行动，把敌装甲部队吸引过来。这将有助于第十军在北方展开攻击。

第十三军不应遭受严重伤亡，特别是第七装甲师必须保持"完好"，以便在完成向内陆突进之后进行机动作战。

蒙哥马利既不计划在左翼进攻，也不准备在右翼进攻，而准备在中央偏右处突破。这样，部队打进去之后，便可根据情况，朝最有利的方向发展战果。

蒙哥马利的计划没有得到总司令部参谋人员的普遍赞同，因此他们向德·甘冈施加压力，要他让蒙哥马利改变主意。但总司令亚历山大却没有反

对蒙哥马利的计划。

9月17日，丘吉尔拍电报给亚历山大，要求第八集团军提前发动攻势。

于是，亚历山大带着丘吉尔的电报来到第八集团军司令部，对蒙哥马利说："首相要求你一定在9月进攻。"

蒙哥马利回答说："我不能在9月进攻，若让我在10月进攻，我一定会打胜仗。"有关这件事，蒙哥马利在其《回忆录》中写道：

在我到达时，我曾对第八集团军的官兵许了愿，在没有做好准备之前我不会发动进攻。从目前情况看，要到10月才能准备就绪。月圆期是10月24日，我认为应在10月23日夜间发动进攻，并报告了亚历山大。

白厅当即复电。亚历山大接到首相的电报说，进攻必须在9月发起，以配合俄国人的某些攻势以及盟军于11月初在北非海岸西端的登陆（"火炬"战役）。

亚历山大前来看我，商量怎么答复。我说如在9月份进攻，我们各项准备来不及，攻了也要失败；如果延至10月，我保证可获全胜。

我认为9月动手简直是发疯。难道真要照办吗？亚历山大一如往昔，全心全意地支持我。因此，就照我所要求的那样答复了白厅。

我曾私下告诉亚历山大，由于我对官兵们许诺过，因而拒绝在9月发动进攻；假如白厅命令我在9月行动，那么就让他们叫别人来干好了。阿拉姆哈勒法山战役之后，我的身价提高了。此后就再也没有听到9月发动进攻的事了。

10月5日，第八集团军情报单位对隆美尔的防御计划提出最精确的分析。隆美尔的防御计划是他在9月23日回德国休养前制订的。隆美尔用大约50

万枚地雷，设置了一系列地雷带，特别是在蒙哥马利试图突破的北部和中北部防线上，设置了两条大致平行的地雷带，并以防御据点形成的"分割墙"连接南北两面的主地雷场，其间隔为四五千米，造成一连串的空白地区。设置空白地区的目的，是为了给突破部队设置陷阱，因为攻击部队突破第一地雷带之后，将被迫向"分割墙"左边或右边运动。

第八集团军的整个训练情况和这份新情报，迫使蒙哥马利重新考虑他的作战计划。

10月6日，他放弃了第一个"轻步"计划，而提出一个基于完全不同原则的计划，代号仍为"轻步"。

他说："过去一般公认的原则是，现代战役计划应当首先着眼于消灭敌

被炮火炸毁的坦克（油画）

人的装甲部队，一旦这个任务完成了，敌人的非装甲部队就很容易对付。我决定把这个原则颠倒过来，先消灭敌人的非装甲部队。在这样做的时候，我暂不打他的装甲师，留待以后再收拾它们。"

他准备让坦克屏护队向前推进，堵住敌地雷场通道的西部出口，而用"粉碎性"打击法有条不紊地消灭敌防区内的步兵。

敌装甲部队不可能眼巴巴地看着非装甲部队被逐步消灭而按兵不动。它们将进行猛烈的反突击。这样，便正好撞上第八集团军严阵以待的装甲部队。

蒙哥马利说："粉碎性作战行动是在一系列坚实的基础上周密地组织起来的，而且也在我军力所能及的范围之内。"及早组织坦克屏护队显然是这

种作战方法的关键。

蒙哥马利甚至在地雷场的通道清扫完毕之前，就命令第十军的各装甲师紧跟着第三十军各先头步兵师进入通道。

此外，他还命令，假如在总攻击日后一天，即10月24日，通道之敌尚未完全肃清时，各装甲师必须自行扫清道路，进入开阔地带。

拉姆斯登和他的师长们认为，按这个计划打，步兵很可能受阻，而坦克如执行命令在地雷场上打出一条通路则可能带来灾难。

于是，他的三个师长向第三十军军长利斯报告说，他们都对坦克执行任务的能力缺乏信心。利斯把这报告了蒙哥马利。德·甘冈也表示他怀疑拉姆斯登是否坚定。但蒙哥马利不理会这些"无端的抱怨"，坚决要求各装甲师严格执行命令。后来事实证明，他这样做是正确的。

为了使敌人摸不清第八集团军发动进攻的时间和地点，达成进攻的突然性，蒙哥马利决定实施代号为"伯特伦"的欺骗计划。这个计划是八九月间设计和制订的，是沙漠战中迄今为止最精巧的欺骗计划。

计划的总意图是，在北方，不暴露第八集团军的真正意图和实际行动，而在南方，则要有意识地显示正在准备进攻的假象，使敌人摸不清第八集团军发动攻势的意图，进攻日期和主攻地带。

整个欺骗活动是在集团军范围内进行的。除了采取谨慎地传播有利于敌人的假情报等措施外，主要是从视觉上欺骗敌人。

首先是伪装前沿地区的巨大的弹药和其他作战物资堆集所。例如，离阿拉曼车站不远，就设立了一个很大的堆集所。它可储存补给品600吨、油料2000吨和工程器材420吨。场地在露天，伪装得很好，除了偶尔有一些坑坑洼洼之外，看不出有堆集所的样子。

其次是用假车辆扮演坦克和其他车辆的运动，使敌人对大量部队在作战阵地上集结逐渐习以为常。

10月1日，这些必要的假卡车、大炮、武器牵引车等都要进入阵地。到了发动进攻前一天，当进攻的各师集结时，要在夜间把假卡车换成真的作战

用车。

在准备进攻的各师开来的后方地区，表面上仍应保持全部的车辆密度，用假车辆替代开走的真车辆。这样做完全是为了对付敌人的高空照相侦察。

早在总攻日前一个月，就为参加突击的步兵挖好了细长的战壕，供他们在10月23日昼间躺卧用，而且这些战壕都伪装得丝毫不露破绽。

同时，为了表明主要突击可能来自南面，还在那里铺设了一条假输油管。铺设工作于9月下旬开始，施工日进度表明到11月初才能竣工。假输油管长约20千米，在三个地方建造了假油泵房，并在其中两个地方建造了给水站与储油罐。

此外，还用通信分队模拟将在南面发动主攻的无线电通信。为了把伪装搞得天衣无缝，只向下层军官传达将要发生什么事，而且是在9月28日至10月21日期间按军衔高低分批传达。

在最后一天，传达到了普通士兵，并且停止了一切休假和进城活动。这些措施产生了这样一种结果："在黄昏来临之前，23日那天过得像阿拉曼前线上的任何一天。"

隆美尔在评述阿拉曼战役时指出："这一仗在射击开始之前，就由军需官们打了并且决定了胜负。"

蒙哥马利在前沿地区的后勤安排以及他从基地得到的后勤保障，使他的野战火炮在阿拉曼战役的12天里，一共发射了100万发炮弹，平均每门炮每天发射102发，而他的中型火炮每天的发射量比这还要大。在其他各方面，蒙哥马利也得到了充分保障。

关于英国军队和轴心国军队在这次战役中的相对实力，就师的数量而言，双方大致相等。德意军队集团有八个意大利师和四个德国师，以及一个空降旅，但各部队的人员和装备都不满额。

英军第八集团军辖三个满员军，共十个师和四个独立旅。编入第八集团军的有英国、澳大利亚、印度、新西兰、南非、希腊和法国的师和旅。

但就人与装备的数量而言，英军占有决定性优势。此外，蒙哥马利还拥

有短而不中断的交通线。

因此，蒙哥马利对阿拉曼战役的胜利充满信心。10月19日和20日，他分别召集第十三军、第三十军和第十军所有中校以上的军官训话，告诉他们他的计划的细节，他如何指导战争以及各个局部怎样与总体计划配合。

他虽然坚信敌人将无法抵抗这次进攻，第八集团军必将取得胜利，但也警告军官们说："这个仗将是一次艰苦而持久的战斗，我们的部队绝不可以为有了良好的坦克和强大的炮兵支援，敌人就会投降。敌人是不会投降的，激战就在前头。"他预期"整个战役大约需要12天"。

10月23日，蒙哥马利向第八集团军官兵发表了一份私人文告。他在文告中说道：

> 我们马上要打的战役将是决定性的一仗。它将是战争的转折点。全世界将注视着我们，关心这一战役的进展。

夜幕下的士兵

我们每一个人，不论是军官还是士兵，都必须下定决心投入战斗，以战斗和杀敌的实际行动把战争进行到底，取得最后胜利。

要求每个官兵怀着只要一息尚存就必须坚持到底的决心投入战斗。在未受重伤尚能作战的情况下，决不允许任何人投降。

他的私人文告使士气高昂的集团军官兵信心倍增。

10月23日上午，蒙哥马利举行记者招待会，向战地记者发表演说。他在演说中表现出来的必胜信念，使许多战地记者大为震惊，都纳闷他怎么会那么自信。

当天下午，他和参谋长德·甘冈一起进驻位于第三十军和第十三军军部附近的集团军指挥所，准备在那里控制作战。

为了能随时访问军长们和部队，他特地调来一辆"格兰特式"坦克备用。

英国空军的科宁厄姆也在作战指挥所里，在那里有一个专供他使用的常设帐篷，这与战争早期陆、空军互相隔离的情况已大不相同。

大战前夕，第八集团军从上到下的气氛都是轻松而镇定的。

10月23日晚上，蒙哥马利看了一会儿书，很早就睡了。那天傍晚，接替隆美尔的斯图姆将军发给德军最高统帅部的情况报告是：敌情无变化。

但是，到晚上21时40分，英军阿拉曼防线上的一千多门大炮把暴雨般的炮弹倾泻在敌前沿阵地上。接着，第三十军和第十三军的士兵，借助天空中的探照灯光和轻高射炮对固定战线发射的曳光弹，冲进战场上令人窒息的烟幕尘雾，向敌人展开进攻。

一排排头戴钢盔的步兵，随着尖厉急切的风笛声，队列整肃地向前挺进，月光下，刺刀寒光闪烁，高高端起的步枪杀气逼人。

当第三十军的四个步兵师在一个最初宽近10千米，后来逐渐扩大到近13千米的正面上以横队前进时，他们前面有三个主要目标地带。

元帅韬略

第一个目标地带叫做"酢浆草"，它沿米泰里亚山脊的西斜面延伸，然后向西北转向腰形山脊的边缘，接着转向正北。"轻步"计划规定于次日凌晨3时10分占领这个目标地带。

其次是"皮尔森"目标地带，该地带从腰形山脊的西端向东南延伸，规定于拂晓时由三个装甲旅占领。

最后是"小气鬼"目标地带，它在"皮尔森"目标地带的正西，大致是从拉赫曼车站到泰勒阿卡基尔以南的一个区域，这是装甲部队夺取的目标。

在北面，以第五十一高地师为左翼侧的澳大利亚第九师应夺取直至米泰里亚山脊的"酢浆草"目标地带。山脊本身则由以南非第一师为翼侧的新西兰第二师来占领。供第一装甲师使用的走廊应通过高地师的正面直抵腰形山脊，而供第十装甲师使用的第二条走廊则应通过新西兰师的地域，到米泰里亚山脊北段的反斜面为止。

开始时由步兵师负责清除地雷，但后来每个装甲师都必须用扫雷分队为自己开辟四条狭窄的通道。

最初，每一条通道仅几米宽，但要求尽快扩展。然而，夜间的战斗并没有实现这个意图，装甲部队不但没有到达"皮尔森"目标地带，甚至连"酢浆草"目标地带的范围也没有超出。

由于蒙哥马利实施的压制敌炮兵火力的射击和随后的拦阻射击使敌步兵的重武器和通信设施遭到严重破坏，至24日凌晨前，敌人的防御射击都未能对英军构成实际威胁。

这样，英军就能够突破德军的前哨防线向纵深推进。第二十三装甲旅的坦克团和三个步兵师一起推进，而新西兰第二步兵师则在整个第九装甲旅的协助下向前推进。这些部队要在必要时不惜一切代价夺取桥头堡。

但夺取桥头堡的任务却受到了许多因素的影响。夜深后，敌人的抵抗加强了，越来越多的大炮向正在雷区摸索前进的英军士兵、车辆和装甲车射击。

除了在地雷场开辟通道碰到困难外，各处散布的地雷也给英军造成了严

重延误与大量伤亡。由于沙漠中没有什么地貌特征，烟尘滚滚能见度差，英军在前进中遇到越来越多的进行顽抗的敌防御阵地。

10月24日，蒙哥马利进攻部队的态势大致如下：右面是澳大利亚第二十六旅；中央是新西兰师的大部分部队，高地师第一五四旅配置在他们旁边；而左面远处的南非第三旅则还处于"酢浆草"目标地带。

另一个澳大利亚旅、高地师的另外两个旅和一个南非旅仍然没有到达目标地带。第二十三旅和第九旅还没有建立桥头堡。

至拂晓时，第一装甲师的扫雷分队仅在澳大利亚师的作战地域内开辟出一条通道，而第十装甲师所开辟的四条通道，没有一条超出米泰里亚山脊顶峰。

从南面第十三军传来的消息也令蒙哥马利不怎么放心。第七装甲师本来应该像北面的第三十军那样于10月23日22时开始进攻，突破"一月"和"二月"两个地雷场，建立一个桥头堡，以便进一步向西扩大战果；而第一自由法国旅则应占领希迈马特山西边山脚下的纳克布赖拉高地。

但一切都不顺利。"蝎子"扫雷装置被毁，部队伤亡惨重，白天获得的战果仅仅是拥塞在"一月"地雷场两侧，"二月"地雷场尚未突破。

法国人的运气更坏，地面松软，前进速度缓慢，反坦克炮运不上来，又在7时30分遭德军反突击。结果，两个上校阵亡，损失了全部车辆，却连一寸土地也没有攻占。

当时第十三军的处境是，要么突破"二月"雷场，要么在两个雷场之间陷于崩溃。

蒙哥马利逐渐明白了这一总的形势后，于9时以后发布了24日的新命令：彻底打通北部走廊；新西兰师从"酢浆草"目标地带和米泰里亚山脊向南扩张战果。

24日中午，蒙哥马利在弗赖伯格的司令部召开了一次会议，下令盖特豪斯的第十装甲师必须在第三十军全部炮兵的支援下，于当天晚上打到新西兰师的战线之外，进入开阔地带。

为了强调这一命令，蒙哥马利还给拉姆斯登参谋长打电话重申：第十装甲师必须推进到"皮尔森"目标地带，以便为新西兰师的进攻提供保护，为此他准备接受重大伤亡。

由此可见，在24日那天，蒙哥马利已开始怀疑他的装甲部队指挥官的积极性了。

他后来在《回忆录》中坦率地说："第十军军长在情况危急时没有魄力，也未当机立断；第十军的装甲师又普遍缺乏旺盛的进攻意志，可见这不是他们习惯打的仗。"

在此次作战中，英国空军持续地发挥作用，给敌人造成了严重的破坏。空军不仅在进攻前对敌人的防御工事实施了猛烈轰炸，而且在整个战役过程中都对第八集团军进行了不停顿的战术支援。

10月24日，英国空军大约出动了1000架次，主要用于直接支援集团军。"台风式"战斗轰炸机痛击了曾把自由法国旅击溃的敌基尔集群。敌第十五坦克师和利托里奥师的坦克集团遭到了轻型轰炸机和战斗轰炸机的穿梭轰炸，敌着陆场遭到了攻击，而英军战线则有空中保护伞的保护。

当夜幕降临时，为保障第十装甲师向前推进的准备工作已在进行。但第十装甲师却说，"还没有做好进攻的准备"。

利斯向拉姆斯登查问时，发现拉姆斯登对这次作战的可行性表示怀疑，因为山脊上地雷场的纵深比预计的要大，炮轰猛烈，情况混乱，而且英军的掩护炮火越来越远离这支停止前进的装甲部队。

为了避免因炮轰而遭到更多伤亡，装甲部队必须马上分散。因此，第八装甲旅旅长卡斯坦斯25日凌晨向盖特豪斯建议说，他的进攻应当取消。盖特豪斯向拉姆斯登提出了同样的建议，拉姆斯登同意这个建议并上报集团军参谋长德·甘冈。

这样就发生了蒙哥马利称之为"战役中的真正危机"，而德·甘冈称之为"第一踏脚台"的事件。德·甘冈认为危机就在眼前，因此决定叫利斯和拉姆斯登于凌晨3时30分到集团军作战指挥所开会。然后，他叫醒了蒙哥马

利，把开会的事告诉了他。

利斯和拉姆斯登准时到达，并逐一向蒙哥马利汇报了情况。简单说来，情况是这样的：第十装甲师的一个装甲团已经通过一条通道，进入开阔地带，并且在拂晓前可望有更多的装甲团出击。但盖特豪斯担心，进入西斜面开阔地带的坦克在拂晓时容易被敌人逐个瞄准消灭，他要求退回到东斜面比较安全的地带，而拉姆斯登同意他的观点。

蒙哥马利认为，任何迟疑或动摇都会使整个战役毁于一旦。因此，他十分清楚地向拉姆斯登和盖特豪斯表明，他的计划必须贯彻执行，绝不允许撤退。

他对拉姆斯登的一切怀疑现在都得到了证实，于是他把拉姆斯登留下

飞机轰炸

来，坦白地对他说，如果他或盖特豪斯不赞成继续推进，他将找别人来代替他们。

当盖特豪斯把拉姆斯登开会后下达的命令传达给卡斯坦斯时，第八装甲旅已经有两个团越过山脊了，第三个团也正沿着走廊跟上来。但在早晨7时，打出去的三个团又退回到山脊下隐蔽起来，而在他们左边的第九装甲旅和新西兰师的装甲部队则处于困境。

早晨8时，北面的装甲部队全部出动，进入开阔地带。他们所进入的阵地，正是蒙哥马利要求在前一天早晨8时应该到达的地方。

英军以极大的代价粉碎了敌人企图摧毁英军突出部的作战行动。由于装甲部队楔入敌军防线时建立了用以对付敌军反突击的阵地，蒙哥马利现在开始指挥步兵部队实施"粉碎性"打击。

一支支部队投入进攻，数以千计的炮弹和炸弹不断爆炸，滚滚的沙尘遮天蔽日，烟雾笼罩着整个西南面战场。新西兰师陷入了异常激烈的苦战。

中午，蒙哥马利在新西兰师司令部召集军长开会。会上，蒙哥马利得出了这样的结论：新西兰师进一步向南推进将付出太大的代价，因此他把进攻矛头转向北面，命令澳大利亚师开始进行"粉碎性"作战行动。

现在的形势很明显，只有北面战线有获胜的希望。24日夜至25日黎明前，南面第十三军对"二月"地雷场实施的第二次进攻已经失败。实际上，在第五十师的一个旅企图突破穆纳西卜失败后，蒙哥马利在南面战线的所有部队就全都处于守势了。

在25日夜至26日黎明前，澳大利亚师进行了一次干净利落的进攻，而且迅速获得成功。但第一装甲师和高地师却没有取得什么重要进展，第八集团军的进攻势头逐渐减弱。

此外，隆美尔在10月25日夜又回到了前线指挥所，这必然会增强轴心国部队的反攻力量和势头。

在23日至26日拂晓这段时间里，整个第八集团军的伤亡和失踪人数估计为6140人，被打坏不能使用的坦克约300辆，但却远远没有达到蒙哥马利预定

在24日要达成的目标。

蒙哥马利已面临步兵短缺的问题。因此，他在10月26日不得不用一整天的时间来周密地思考战场的形势。

隆美尔也有许多问题要考虑，并为许多问题所困扰。他有127辆坦克被摧毁，并且修理设备不如英军好，现在只剩下148辆德国坦克和221辆性能较差的意大利坦克。他的燃料短缺，而运送石油和弹药的轮船又在海上被击沉。他的部队进行反突击，却收效甚微。他已经感到绝望，于是向元首司令部报告说："除非供应情况得到改善，否则这场战役就要输掉。"

蒙哥马利经过一番周密考虑后，他的头脑清醒了，行动计划明确了。

10月26日中午，他发布了第一组命令：命令高地师继续在第一目标地带内扫荡；命令澳大利亚师准备在28日夜间向北发动第三次进攻；在此期间，第三十军除了帮助第一装甲师推进到腰形山脊以外，将不实施重大作战任务；第七装甲师则继续休整。但更重要的是，他已决定实施大有希望获胜的机动，并通过重新部署部队来建立一支强大的预备队，以实施猛烈的最后打击。

晚上，他召集了一次会议来讨论如何完成这项称之为"增压"行动的任务。作为第一步，他把本战役中尚未参加过激烈战斗的南非师和印度第四师从翼侧调到右边，从而让新西兰师撤到休整地域。然后，他向第七装甲师发出预先号令，让它做好准备向北开进。在此期间，第十装甲师应继续努力作战，以取得新的战果。

第十装甲师于26日夜至27日黎明前向腰形山脊西北面的"山鹬"防御阵地和西南面的"沙锥鸟"防御阵地发动进攻。

在第三十军和第十军的炮兵的协助下，第七摩托旅的两个营应在夜间夺取这两个阵地，以便拂晓时第二装甲旅能够越过"山鹬"，第二十四装甲旅能够越过"沙锥鸟"向前推进。

这次战斗未能按计划进行，但却变成了整个阿拉曼战役中最英勇的一次战斗，给了隆美尔装甲部队又一次沉重打击。

至28日，蒙哥马利已把他的新计划准备停当。这个新计划很快就能给他和盟国带来决定性胜利。

早晨8时，他给利斯和拉姆斯登下达了命令：腰形山脊地区必须转入防御；第一装甲师必须撤出战斗，重新编组。中午时分，他告诉弗赖伯格说，澳大利亚师在北面占领更多的地盘后，经过休整的新西兰师必须沿着海岸打下去。

这项任务不是由弗赖伯格单独完成，他将得到几个步兵旅的支持，第九装甲旅也将再次归他指挥，该旅可优先补充坦克。同一天早上第七装甲师受领了向北进攻的任务，它将把第四轻装甲旅留下来，但带上第四十四师的第一三三步兵旅。这样就为"粉碎性"打击建立了一支强大的预备队。

那天夜里，澳大利亚师采取了第一个步骤，进一步攻占德军突出部的阵地。

蒙哥马利（右一）和丘吉尔（中）在一起

有几个师从前线撤走的消息很快就传到了开罗和伦敦，引起了很大的恐慌。29日上午，丘吉尔问道："我的蒙蒂在干什么呀，为什么让战斗停下？近三天来，他什么事也没有干成，现在却要从前线撤走他的部队。如果他打算使一场战役半途而废的话，为什么他要告诉我们，他能在七天内突破敌人的防线呢？"

12时30分，召开了参谋长委员会会议，会上艾伦·布鲁克不得不针对丘吉尔以及其他内阁成员的责难为蒙哥马利辩护。他的辩护没有产生什么效果。

蒙哥马利万万没想到，他认为是完全合乎逻辑的军事行动，竟会以截然不同的面貌呈现在伦敦的焦急不安的上司面前。但事情很快就清楚了。

29日上午，驻开罗的国防部长亚历山大·凯西和亚历山大的参谋长麦克里少将来到蒙哥马利的指挥所，这使蒙哥马利马上明白白厅在惊惶不安。

当凯西问要不要发一封电报给首相，使他在思想上对挫折有所准备时，蒙哥马利回答道："如果你发那样的电报，那你一定会被撵出政治舞台！"

在蒙哥马利向视察者讲明自己的意图后，客人们才愉快地走了。视察者向伦敦发去了让白厅放心的电报。

接着，特德也找上门来。空军也对蒙哥马利的缓慢行动感到十分着急，担心既定的进攻发动太迟，他们便不能夺取机场来救援马耳他。

蒙哥马利让特德看了"增压"作战计划，但特德觉得这个计划还不够大胆，并为此进行争论。

蒙哥马利回答说："这是一次猛烈的较量。"

特德只好耸耸肩膀说："好吧，这是你们的战役。"

随后，他们一起去吃午饭。饭快要吃完时，蒙哥马利对特德说："有一些关于隆美尔部署的新情报，这意味着一个变化。"

这份情报具有头等重要意义：澳大利亚师在上一夜的进攻中，发现与之交战的德国部队是第九十轻装甲师的第一五五战斗群。这不仅表明隆美尔的全部精锐部队已投入了北面作战地段，企图堵住英军沿海岸向西迪阿卜杜勒

拉赫曼的进攻，而且表明隆美尔现在手头已没有德军预备队了。

在这次战役开始之前，蒙哥马利的情报处长威廉斯就向他指出，德国部队和意大利部队是交错地配置在一起的，如果能把他们分隔开，那么突破完全由意大利部队构成的正面就不成问题了。

威廉斯所说的情况现在看来已经出现了，于是他和德·甘冈建议把"增压"作战的出击线更向南移动一些，以使新西兰师能够进攻德意部队的接合部。

蒙哥马利立即改变计划，决定澳大利亚师在30日夜间至31日黎明前，以相当大的力量向海边发动第三次攻击，但在第二天夜里，"增压"作战的矛头应对准轴心国部队的接合部，主要打击意大利部队。

澳大利亚师打得很出色，该师虽然遭到顽强抵抗，进展困难，未能一直打到海边，但他们夺取了公路和铁路沿线的许多阵地，俘获了500名德军，并在隆美尔发动的许多次凶猛的反突击中守住了阵地。

"增压"作战准备工作已全部就绪，但蒙哥马利又把发起总攻的时间推迟了24小时。

推迟总攻时间是弗赖伯格建议的，其理由是：步兵感到疲乏；需要进行侦察；把不同的参战部队及其支援兵器结合在一起尚有困难。根据计划，弗赖伯格将统率他的师和两个步兵旅，即第一五一旅和第一五二旅向前推进。当时第九装甲旅已加强到拥有79辆"谢尔曼式"和"格兰特式"坦克、53辆"十字军式"坦克。

该旅跟在弗赖伯格师的后面推进，越过步兵的目标，夺取泰勒阿卡基尔和拉赫曼车站以外的地方，从而形成一个屏障来保证第一装甲师在拂晓以前编成战斗队形，以进行预期的决定性坦克会战。蒙哥马利接受了弗赖伯格的意见，于10月31日6时30分将"增压"作战的总攻时间改为11月2日1时5分。

当"增压"作战行动在11月2日开始的时候，步兵师出色地完成了任务。第一五一旅和第一五二旅在规定的时间内夺占了目标，在他们右侧和左翼侧的第二十八营和第一三三车载步兵旅也都夺取了能保证执行翼侧保卫任

务的阵地。至于第九装甲旅，它的任务异常艰巨。

据了解，德军在拉赫曼铁路线上以及在泰勒阿卡基尔周围筑有坚固的防坦克壕和工事。

弗赖伯格在进攻前召开的一次会上说："我们全都明白，用坦克去攻击一堵由火炮构成的墙壁，听起来真像是天方夜谭。这应当是步兵干的事，但我们再没有多余的步兵可供调遣，只好由装甲兵来干。"

第九装甲旅指挥官约翰·柯里说，他的旅这样打可能遭受50％的损失。弗赖伯格回答说："损失可能比这要大得多。集团军司令说，他准备接受100％的损失。"

该旅进行的11千米截敌运动使人灰心丧气。新补充的坦克效能很差，摆来摆去地开进时所卷起的滚滚沙尘使能见度变得极差。

炮击使坦克和士兵遭到损失和伤亡。一个分队迷失了方向，不得不掉过头来再往前赶。结果，该旅三个团的坦克中只有94辆在发起总攻时可以使用，而发起总攻的时间根据柯里的请求还推迟了半个小时。

这一推迟虽然是战术的需要，但却带来了严重的后果，因为它使敌人赢得了30分钟的时间。

但是，第九装甲旅所实施的自杀性冲击绝不是一场灾难。从统计的数字看，该旅的伤亡是骇人听闻的：94辆坦克中有74辆被击伤，伤亡官兵230人，而拉赫曼铁路线上的敌火炮防线仍未突破。

但另一方面，该旅摧毁了敌防线上的35门大炮，而且该旅幸存的坦克还坚持战斗了一段时间，使第一装甲师的第二和第八装甲旅得以驶出走廊，在开阔地上展开。但这两个旅的进攻也被阻挡住了。

但相对来说，法西斯非洲军团的损失更大些：德军有14辆坦克被击毁，40辆坦克被击伤；在这一天里，非洲军团共损失坦克70辆，而它的坦克本来就所剩无几。

虽然蒙哥马利有理由为他的雄心勃勃的"增压"作战计划未能最后解决问题而感到懊恼，但他所不知道的是，在8时15分的时候，非洲军团指挥官

冯·托马将军向隆美尔报告说，他的战线只是勉强地维持下来，如果英国人再继续进攻，就将不可避免地被突破。

如果说，胜利的实质在于敌军士气的溃败，那么蒙哥马利通过"增压"作战已经获得了胜利，因为隆美尔在分析了他的处境后，已经决定撤退到防卫力量薄弱的预备阵地——富凯。

但是，就是这样做也不会带来什么希望。隆美尔在呈送德军最高统帅部的形势报告中写道："在这种情况下，我们只能认为这支军队将逐步毁灭。"

而这时蒙哥马利必须做的事则是结束这场"事先精心布置的战役"，并组织追击。希特勒帮了蒙哥马利一个大忙，因为他在11月3日发给隆美尔的电报中命令："在你目前所处的形势下，除了坚持战斗以外，不能有任何其他想法，不得放弃一寸土地，要把每一门大炮、每一个士兵都投入战斗。"

当时非洲军团只剩下30辆坦克。隆美尔知道，这是一道要部队去送死的荒唐命令。然而他是个军人，军人的天职乃是服从命令。

他把希特勒的电报给冯·托马看，冯·托马愤怒地声称，他不可能"不放弃一寸土地"。这时，英国装甲部队已突入德军南面战场。冯·托马驱车前往察看战场情况，结果被英军坦克包围，被迫投降。

11月3日夜间，印度师和高地师实施了两次猛烈的冲击，于次日凌晨突破了非洲军团的阵地。紧接着，成百上千辆坦克和装甲车通过突破口，进入开阔地带，向西面和北面猛冲而去。

尽管隆美尔并没有下达撤退的命令，但非洲军团已开始溃退。隆美尔要求部队坚决抵抗，但根本没有人再听他的。

隆美尔后来悲哀地写道："我们曾竭尽全力地加以避免的那件事终于出现了：我们的战线崩溃了，全部摩托化的敌军已经拥进了我们的后方。上级长官的命令再也不能算数了。我们必须挽救还可以挽救的东西。"

11月4日9时15分，蒙哥马利发布文告说：

第二次世界大战著名元帅

目前的战役已持续了12天，在此期间全体官兵英勇作战，使敌人遭到了很大损失。现在敌人已达到了崩溃点，正企图撤退。

皇家空军正在袭击沿主要的海岸公路向西移动的敌军部队，使之遭到重大伤亡。敌人已在我们的控制之下，崩溃在即。

我号召全体官兵继续对敌施加压力，不得有片刻松懈。我们有可能擒获敌人整个装甲集团军，我们一定要做到。

我为已经取得的一切成就向全体官兵祝贺。彻底胜利已经在望。我已代表你们向皇家空军发去一份贺电，感谢他们对我们的巨大支持。

11月4日上午，隆美尔接到他的参谋长韦斯特法尔打来的电话说，他右面的意大利师已经瓦解。

13时，当时已接管了非洲军团的拜尔莱因又报告说，冯·托马将军在前线失踪了，可能已被打死，而他本人则徒步逃脱了盟军装甲部队的攻击。

隆美尔认识到，他的战线已无可挽回地崩溃了，于是只好不顾希特勒的命令，于15时30分发出了全面退却的命令。次日凌晨，希特勒和意大利最高统帅部发来电报，认可了隆美尔的退却命令。

11月4日晚，蒙哥马利与被俘非洲军团司令冯·托马共进晚餐，他们一起谈论9月间的战斗和当时正在进行的战事。

晚餐方毕，蒙哥马利立刻令人收拾餐桌，然后拿出一幅埃及沙漠地图，摊在桌上。

他对冯·托马说："我的部队今晚将接近富凯，你有何想法？说说，你将如何处置，冯·托马？"

冯·托马只是说："非常之严重，确实非常之严重。"

实际上，英军推进的距离连那一半都还不到。

蒙哥马利命令拉姆斯登指挥的第十军担任先头部队；利斯指挥的第三十军留在出击地带以西进行整编；霍罗克斯指挥的第十三军负责打扫战场和收

085

集敌我遗留下来的所有军事物资。

11月5日凌晨，隆美尔本人到达富凯并在那里建立了司令部，在这一天昼间，非洲军团的大部分部队、第九十轻装甲师和若干意大利摩托化部队也到达了。

隆美尔原打算在富凯停留一段时间，以便让正在行军的步兵摆脱困境，但他很快就认识到停留是没有希望的。

11月5日夜间，当隆美尔认清必须抛弃步兵让他们听天由命后，就命令机动部队向马特鲁港撤退。撤退途中，德军的交通严重阻塞，为英国空军提供了良好的攻击目标。

尽管英空军对德军造成的实际破坏可能不如预期的那么大，但德军军部却一致认为，英国沙漠空军似乎在昼夜不停地进行空中监视，给轴心国退却部队的士气造成了很大损害。在"十字军"行动中，大雨曾拯救隆美尔，而现在大雨又来营救非洲军团了。

新西兰师正向富凯冲去，第一和第七装甲师则向马特鲁分进合击。这时，天空突然劈头盖脸地下起暴雨来，几分钟之内就使坚硬的路面变成了无法通行的沼泽。

11月7日，整个追击部队都被迫停止前进。虽然英国空军继续给德军以沉重的打击，但德军还是充分利用这24小时的喘息时间，使绝大部分的残余部队都能沿海岸公路撤走。

11月8日，蒙哥马利进入马特鲁港时，发现隆美尔已于头天夜间离去。在马特鲁港，蒙哥马利险些遇难。事情经过是这样的：他派遣一个侦察组为他在马特鲁港一带选择司令部的地址，侦察组中有他的继子迪克·卡弗。当接近马特鲁港时，侦察组取道前往马特鲁港以东的"走私湾"海岸。不料，那里还有德军，于是这个侦察组被德军后卫部队俘虏了。要不是蒙哥马利的警卫队因为一场小遭遇战而停止前进的话，他很可能走上那条通向"走私湾"的路。如果那样的话，他就可能被敌人俘获。

11月8日上午，盖特豪斯向蒙哥马利报告说，第十装甲师"是埃及最强

大的师，拥有完整的B梯队"，已经做好战斗准备，要求允许该师向萨卢姆和图卜鲁格推进。

但蒙哥马利不愿冒"猛冲"之险，不愿意冒被隆美尔"踢回"之险。他觉得隆美尔可能作困兽之斗，可能创造另一个奇迹，于是把英军从"杰别尔障碍"向相反的路线猛推回去。

其实，蒙哥马利完全没有必要担心被隆美尔踢回，因为在11月10日前后，德军主要部队仅剩下大约4000人，仅有11辆坦克和少量野战炮和反坦克炮。凭这种实力，德军是无法将强大的英军踢回去的。

当第八集团军还在肃清马特鲁港的残敌时，11月8日传来了蒙哥马利一直在盼望的消息，即"火炬"战役开始了。

这个消息对隆美尔来说，是一个真正的致命打击，它"宣告了非洲德军

撤退中的德军士兵

的灭亡"。

与拜尔莱因商议后，隆美尔得出的结论是：他必须迅速往西撤退……轴心国甚至现在就必须撤离北非。他希望不惜一切代价避免一场激战，并且打算撤离昔兰尼加，尽快地沿苏尔特湾海岸往后撤退。

但与此相反，墨索里尼却企图在东面尽可能远的地方保留一个立足点，而且保留的时间越长越好。于是，希特勒下令坚守阿盖拉隘道。

11月12日，蒙哥马利把敌军赶出了埃及。他向第八集团军发布文告说：

> 今天，11月12日，在埃及土地上，除了俘虏外，再也没有德国和意大利士兵了。……我们击溃了德国和意大利军队，追击了约300英里，到达并越过了边界，把残敌逐出了埃及……但北非还有残敌。
>
> 至于再往西，在利比亚，我们还大有可为，而我们的先头部队现在已准备在利比亚动手。我们此次到班加西及其更远的地方，将不再回来了。

从文告的落款中，可以看出蒙哥马利已不再是中将而是上将了。阿拉曼战役之后，蒙哥马利因为"战功显赫"在11月11日被提升为上将，同时被授予巴斯骑士勋章。

蒙哥马利得到了亚历山大的坚决支持，并且不断赢得丘吉尔的赞许，因此对更大的胜利充满信心。

11月15日，蒙哥马利夺取了迈尔图拜附近的几个机场，接着又夺取了德尔纳附近的机场，进一步赢得了首相的好感。虽然暴雨使迈尔图拜在11月19日以前不能使用，但重要的护航船队于11月20日到达马耳他岛，使该岛复苏了。同一天，第八集团军进入了班加西。两星期后，第二个护航船队到达马耳他岛。从那以后，该岛再也没有出现过严重危险。

11月23日夜间，隆美尔撤退到布雷加港和阿盖拉地区，开始建立阵地。

蒙哥马利用少量部队予以阻止，自己则停下来分析所面临的形势。

这是自10月23日发起阿拉曼战役以来，首次出现的大的战斗间歇。在一个月的时间内，蒙哥马利完成了他应该完成的任务：在预定的期限内突破了阿拉曼防线，击溃了隆美尔部队，连续追击敌人上千千米，按要求的时间到达迈尔图拜，解放了马耳他岛。

在阿拉曼战役中，尽管蒙哥马利缺乏明确的追击计划，没有抓住最佳追击时机，并且有时用兵过于谨慎，但他的指挥却是非常成功的。

在蒙哥马利的正确指挥下，阿拉曼战役一举扭转了同盟军在非洲战场上的态势，开始掌握主动权，成为二战中的一个重要转折点。对蒙哥马利而言，他不仅使盟军付极少的代价，而且在自己所规定的时限内决定性地赢得了一次具有重大战略意义的胜利。

赶走法西斯
解放全非洲

　　12月11日夜，蒙哥马利率军对阿盖拉主阵地开始发起猛烈进攻，并于14日进行全面攻击。敌军被赶出了阿盖拉阵地。随后，蒙哥马利又率军队向的黎波里塔尼亚挺进。

　　1943年1月23日凌晨，英军攻下的黎波里，将意大利法西斯赶出了它在海外领土的最后一个城市。

　　根据美国总统罗斯福、英国首相丘吉尔和法国抵抗运动领导人戴高乐于1943年1月在摩洛哥召开的卡萨布兰卡会议的决定，英军第八集团军将与美国第一集团军会师，合编为北非盟军，由艾森豪威尔统一指挥，进入突尼斯作战。亚历山大任副总司令，负责指挥地面部队。特德任地中海战区空军总司令。

　　要完成下一个重要任务——突破马雷斯防线，第八集团军必须依赖的黎波里港供应作战物资。因此，占领的黎波里后，蒙哥马利便致力于使港口畅通，以便船只进港，每天能卸下大批物资。

　　在第八集团军的协助下，海军创造了奇迹。虽然港口设施被彻底破坏，港湾口完全堵塞，但由于海军的努力，第一艘船于2月3日到达，第一个护航船队于2月9日到达。到2月10日，港口日卸货量就超过了2000吨。

　　2月3日和4日，英国首相和帝国参谋总长到第八集团军视察。蒙哥马利为他们举行了阅兵式。

　　参加检阅的有苏格兰师、新西兰师、皇家装甲部队和皇家陆军后勤部队。部队精神饱满，威武雄壮，给丘吉尔留下了深刻的印象。首相的视察使

部队士气更加高昂。

隆美尔把他的集团军从的黎波里周围的复杂地形中解脱出来以后，至2月初，德军大部分已在马雷斯防线站稳了脚跟。隆美尔与突尼斯德军指挥官冯·阿尼姆之间的责任界限正好定在加贝斯隘口的北面。第二十一装甲师已经进入冯·阿尼姆的辖区之内，这使得两条战线互相交错起来，而它们彼此靠得越近，就越能从"内线"的运用中得到好处。

但不幸的是，由于隆美尔撤出的黎波里过于突然，使意大利人十分不满。因此，意大利人、凯塞林（南线德军总司令）和希特勒的参谋机构全都反对他。这样，德军的力量反而被微妙地情绪变化削弱了。

2月20日，隆美尔发起卡塞林战役，在卡塞林隘口大败美军，但使总的战况胜负未定。

蒙哥马利说，在那一天，"亚历山大给我发来一份紧急求援的电报，强烈要求我采取行动以减轻敌军对美军的压力"。当时，蒙哥马利的部队已经进入了突尼斯，第七装甲师和第五十一师的一个旅已经到达了本加尔丹。因此，蒙哥马利在其《回忆录》中说，"我加快了行动的速度，至2月26日，我们施加的压力明显地使隆美尔停止了对美军的进攻。"

隆美尔从第一集团军的正面撤走后，蒙哥马利估计他很可能转过身来向第八集团军发起攻击。在2月28日至3月3日这段时间，蒙哥马利感到十分焦虑，认为他在前线还没有足够强大的力量来对付隆美尔可能发动的反攻。

马雷斯战役很快就要打响，这是一项艰巨的任务，必须进行十分复杂的准备。但那时他主要考虑的却是离他很近的梅德宁。

梅德宁是他的集团军的前哨，他估计敌人任何时候都可能向那里发动进攻。果然，蒙哥马利很快就得到了敌人向第八集团军正面调动军队的情报。

但是，蒙哥马利并没有慌乱。

至3月4日，他的忧虑消除了，又恢复了自信。他的参谋长这样写道："我们兴奋地工作着，以便做好一切准备……隆美尔丧失了他的机会，我们现在又可以自由呼吸了。"

蒙哥马利本人则决定用阿拉姆哈勒法山战役的战法对付隆美尔。他把新西兰师从的黎波里调来,负责保卫梅德宁地区。第七装甲师则部署在该师的右翼。第二〇一近卫步兵旅暂时置于第七装甲师的指挥之下,占领了一座叫做塔杰拉基尔的小山,来填补第七装甲师与新西兰师之间的缺口。

3月5日晚上,所有的迹象都表明隆美尔将于明晨发起进攻。果然不出所料,英军在3月6日清晨的薄雾中看到两群德军坦克从马雷斯防线内陆一端的群山中开出来了,沿着梅德宁与图坚之间的公路摸索前进。

大约在同一时刻,第五十一高地师面临着德军第九十轻装甲师和意军斯皮齐亚师步兵的攻击。接着,又发现一支敌装甲部队从哈卢夫隘口向梅德宁冲来。

英军的野战炮和中型炮向推进的轴心国部队进行了无情的轰击,而反坦克炮则尽可能地直至最后一刻才开火。

英军发现,敌人的坦克和步兵之间的协同很差,非洲军团已丧失了它往

行驶在战场上的坦克

常所具有的勇敢。实际上，英军的阵地没有遭到任何突破，至中午时分，敌人就向后撤退重新编组了。

但重新编组并没有给敌人带来什么好处。敌三个装甲师指挥官在一起协商后，决定派步兵在坦克前面推进。这是一种绝望的行为。敌人的步兵被英军的炮弹打得焦头烂额，人心慌乱，敌人的坦克进攻也是有气无力的。

于是，隆美尔在20时30分下令结束他在非洲进行的最后一场战斗。在这一天的断续战斗中，英军损失轻微，而隆美尔则伤亡了653人，更为严重的是，损失坦克50多辆。

与打阿拉姆哈勒法战役一样，蒙哥马利只在自己选定的地点迎敌，而拒绝在既定的地点以外应战。隆美尔撤退时，他也不追击，以便战斗一结束就继续筹划马雷斯战役。

正如阿拉姆哈勒法战役有助于阿拉曼战役一样，梅德宁战斗也必将有利于马雷斯战役。

马雷斯防线是法国人在兴盛时期修建的，用来防止意大利人入侵突尼斯。它从大海向内陆延伸约35千米到达迈特马泰山麓，而荒凉高耸的迈特马泰群山则把防线向西延伸直至沙海。

这片显然无法通过的沙海提供了强有力的翼侧保护。德国人接管防线后，先后进行了改造和加固，结果使这条小型的"马其诺防线"即使不能说坚不可摧，至少也可以说很难突破。因此，马雷斯防线对蒙哥马利的指挥艺术提出了更严峻的挑战。

蒙哥马利认为，要对如此坚固的阵地做正面进攻是不大可能成功的，因为在迈特马泰山和大海之间的回旋余地不大。因此，他计划在迈特马泰山以西的地区做包围运动，同时进行有限度的正面攻击，以资策应。但问题是，能否找到一条通过沙海的道路呢？早在1942年12月当他的司令部还在"大理石拱门"的时候，他就派遣了一个"沙漠远程侦察组"前去沙海侦察了。

大约在1943年1月下旬，沙漠远程侦察组报告说，他们在沙海找到了一个可以实施翼侧包围运动的隘口，即怀尔德隘口。通过怀尔德隘口，可以到

达沙海那一边的泰拜盖隘口。通过泰拜盖隘口，可以到达哈迈平原、加贝斯和大海。

于是，蒙哥马利的计划也就具体化了：

> 第三十军以三个师的兵力进攻东翼，其目的是把敌军预备兵力吸引到防线的东翼上去；
>
> 抽调其他部队，组建新西兰军，从西翼迂回，打入迈特马泰山后方，攻取泰拜盖隘口，尔后直扑哈迈平原；
>
> 保留第十军作为预备力量，以便一有机会就可投入无论哪一翼的战斗；
>
> 整个作战行动需要空中攻击部队给以集中而持续的支持。

有关马雷斯防线及其周围地区的大量情报，使蒙哥马利认为，沿海岸大规模进攻而在内陆进行佯攻的作战方案是可行的，这几乎是在非洲海岸作战的必然方式。

如果两方面的进攻都能够发展到把敌人击溃的地步，而不是其中一个仅仅是佯攻的话，那就具有更大的优势。蒙哥马利的马雷斯战役计划使他在右翼的猛攻没有奏效时能够迅速转移兵力，在左翼进行猛烈的、决定性的打击。

3月14日，亚历山大下达了一项命令。要求美国第二军向米克纳西和加贝斯发起攻击以威胁德军的交通线，而第八集团军则夺取马雷斯防线。蒙哥马利早已为夺取马雷斯防线做好了准备，现在只等把计划付诸实施了。

新组建的新西兰军共计25000余人，150余辆坦克，由弗赖伯格指挥。3月11日深夜至12日黎明前，新西兰军开始在位于梅德宁与怀尔德隘口中途的富姆泰塔温集结。3月19日，它已到达泰拜盖隘口的西面。至20日，已做好突破隘口，向哈迈和斯法克斯进击的准备。

第三十军对右翼发动的进攻定于3月20日22时30分开始，蒙哥马利在3月

20日向第八集团军发布文告，号召全军将士："向突尼斯前进！把敌人赶到大海中去！"

马雷斯防线的主阵地由第三十军来突破。该军的第五十一高地师扼守战线，第五十师和第二十三装甲旅在3月20日23时15分越过战线向敌人发起冲击。第五十师的第一五一旅企图在济格扎奥干河上获得一个桥头堡，便在云梯的帮助下，不顾敌人猛烈的防御火力，渡过了干河，夺取了敌人的两个大据点。

但当轮到支援坦克强渡时，事情却搞得一团糟，参加那天夜里攻击的是第五十皇家坦克团，坦克携带着大柴捆前进，以便把柴捆扔在干河里，连成一条简易的前进道路。

然而，坦克废气的热度把许多柴捆点燃了，同时领头的那辆坦克又淹没在近1米深的水里，堵塞了道路。工兵们修了一条旁道，使3辆坦克到达了对岸。但后来旁道也堵塞了，直至该坦克团接到撤退命令时，渡过河的坦克只有4辆。

第二天夜里，第一五一旅得到第六十九旅的加强，又进行了一次强渡，有42辆坦克渡过干河到达对岸，与前一天渡过去的4辆坦克会合。但这仅仅是一次表面上的胜利，因为这些坦克在强渡时把道路都搞坏了，以致任何运输工具和反坦克炮都不能随同过河。这一点是致命的。

次日下午，敌第十五装甲师就进行了凶猛的反冲击，消灭了30辆坦克，并把第一五一旅驱赶到干河的边缘。至3月22日2时，蒙哥马利看出这次攻击已经失败，就命令幸存的部队撤下来，及时地终止了部队的伤亡。

右翼的攻击遭受挫折，蒙哥马利便马上把进攻重点转到左翼，用增援力量把弗赖伯格的军力变成进行突破的主要工具。

第三十军被留下来以便将敌人的注意力吸引在马雷斯阵地上，而印第四师则受领了向迈特马泰山进击的任务。这一任务看来是适当的，因为在3月19日夜至20日黎明前，敌第一六四师就开始撤离其山中阵地，向泰拜盖隘口开拔了。英军观察到了敌军的这一调动。

3月20日早晨，当蒙哥马利得知敌人已发觉新西兰军正隐蔽在南侧时，马上命令它不必再隐蔽了，而应拼命北进，以完成任务。

但是这些新西兰人在进行了出色的紧急行军后，动作却缓慢起来了。虽然蒙哥马利给弗赖伯格发来了电报，要求他尽快到达哈迈，然后再向加贝斯地区和马雷斯防线后方推进，但弗赖伯格却没有表现出任何紧迫感。

在3月21日午夜至22日黎明前，第八装甲旅和新西兰第六旅的旅长都想尝试一下突破泰拜盖隘口，但没有得到弗赖伯格的支持。

弗赖伯格没有迅速采取行动，倒不是因为他缺乏斗志，而是因为他认为他的部队会处于可能招来敌人猛烈反击的暴露位置。还有一个使他经常感到恐惧的问题，就是他既要使用又要保存新西兰部队，因为这支部队代表着一个人力有限的小国。

3月23日，蒙哥马利给弗赖伯格发来一封电报说，第一装甲师连同霍罗克斯的第十军司令部将开来增援他。由于弗赖伯格错过了一次突破的机会，他的兵力显然已不足以对付德军。

蒙哥马利很了解弗赖伯格，知道怎样掌握他。在阿拉曼战役中，为了保证弗赖伯格进行"增压"作战行动，蒙哥马利曾额外地多给了弗赖伯格几个步兵旅。

这次蒙哥马利也觉得有必要给弗赖伯格以"鼓舞"，而热情的霍罗克斯正好是从事这项工作的合适人选。

然而霍罗克斯却机敏地指出，弗赖伯格对于把一个军司令部置于他之上这种做法不会感到舒服。因此，他向德·甘冈建议，一切电报和命令都应当同时发送给两位军长。德·甘冈同意了这个意见，后来写给他们的信件都是以"亲爱的将军们"开头。

霍罗克斯率领第十军部和第二装甲师于23日20时出发，24日下午赶上了弗赖伯格。虽然受到了冷淡的接待，但他和弗赖伯格都是久经战火的军人而不是小孩，因此他们立即讨论了蒙哥马利关于当天在空军掩护下进行攻击的建议。

第二次世界大战著名元帅

15时30分，他们对蒙哥马利的建议做出答复时指出，由于当地的地形特点，蒙哥马利的计划不宜执行，并提出了他们的方案。然后又进一步交换意见，制订出最后的作战计划：先由弗赖伯格军突入，接着布里格斯的第一装甲师立即跟进和实施突破。

由于布里格斯否定霍克罗斯和弗赖伯格在昼间进行攻击的要求，结果决定弗赖伯格于16时开始行动，把部队开到离进攻出发线4500米的地方；然后，布里格斯把第一装甲师的坦克开到离该点约3000米远的地方休息。第一装甲师将在这里等待月亮出现，一旦有足够的月光可以利用，该师即向哈迈长驱直入。

左翼的闪电攻击于3月26日下午16时开始。白天，太阳在英军背后，直射敌人的眼睛。当时风沙飞舞，英军处于上风头，风卷沙土直扑敌阵。敌人原来只做好了对付夜间袭击的准备，没料到下午就遭到了猛烈的袭击。

在这次攻击中，英国空军用"真正的低空闪电攻击"进行支援。沙漠空军出动了22个中队的"喷火式"战斗机、"猫式"轰炸机和"飓风式"反坦克飞机，把敌人阵地上的每一辆车辆，所有的可见和移动目标，都炸成了碎片。由于当时的进攻正面很窄，这种攻击产生了毁灭性效果。

这种"低空闪电攻击"是英国空军司令哈里·布罗德赫斯特少将设计的，可以说是当时陆空军紧密协同的典范。但战术空军司令部对此举却有过严重的忧虑。

战术空军司令科宁厄姆认为风险太大，还派来一名军官试图劝阻。但布罗德赫斯特决定承担风险，拒绝听从劝告。结果，他以最少的损失取得了最大的胜利，得到了空军部的祝贺。

蒙哥马利把这次进攻也取名为"增压作战"，但它比阿拉曼战役中的"增压作战"更为成功。弗赖伯格一开始行动就夺得了必要的地盘。

接着，第二装甲师的坦克按时开到了它们的停驻线。23时后不久，月亮就升起来了。虽然月亮被云层遮暗了，但在午夜时分，布里格斯还是开动了他的装甲部队。于是，在逐渐明亮起来的月光下，出现了英军和德军肩并肩

地向哈迈快速奔驰的奇特景象，有时这两支军队甚至混杂起来了。

但是，英军还是被德军超过去了。敌第一六四师指挥官冯·利本斯泰因，费了很大劲才把一些野战炮和反坦克炮集合起来，组成一条薄弱的防线，使逃跑的军队在哈迈村以南几千米远的地方停了下来。

但在那里，战斗也逐渐变弱而最终停止了。总之，敌人已在主动地退却。至3月29日，新西兰军和第五十一高地师就向加贝斯开进了，蒙哥马利已经获得胜利。

德军第二十一装甲师掩护梅塞的集团军撤退到了加贝斯隘口以北大约20千米的阿卡里特干河防线。然而，在3月30日和31日，第二十一装甲师又离开那里去同德军第十装甲师和意军森泰罗师会合，以阻止美第二军的推进。

隆美尔一直希望把他的军队撤到他所谓的"加贝斯隘口"，实际上，是撤到沿阿卡里特干河的防线。要是过去他能够从阿盖拉撤退到这里的话，他可能已经获得足够的时间来加固阿卡里特干河的防御工事，把它发展成一条比马雷斯防线更坚固的防线，从而使他能够在这里进行相当长时间的抵抗。

这里是一个真正的隘道。防线的一侧依托大海，另一侧位于离海近20千米的内陆，是根本不能通行的杰里德盐沼泽和盐湖。在离海约8千米的地方，有一个高约150米，长约1600米的鞍状山脊。

该山脊叫作"鲁马纳"，十分险峻，大有一夫当关，万夫莫开的气势。可惜的是，隆美尔已于1943年3月9日最后离开非洲，而且德军也没有时间来加固这道防线了。

霍罗克斯早在29日就派第一装甲师和新西兰部队对阿卡里特干河防线进行了侦察。他建议进行另一次闪电攻击，但蒙哥马利拒绝考虑这个建议。

至3月31日，霍罗克斯就不得不承认单凭他的部队是不可能突破这条防线的。蒙哥马利决定先用第三十军的步兵进行常规攻击，然后由第十军的机动部队来扩大战果。进攻发起时刻定在4月4日深夜至5日黎明前。

蒙哥马利的作战计划是：第五十一师将在右翼进攻，打开一个突破口让第十军来扩大战果；印第四师将在左翼进攻，并向前推进到法特纳萨高地下

较低的地带。

印第四师开进战线后，图克根据巡逻报告和亲自侦察的结果，得出了两点结论：一是，即使第五十一师夺取了鲁马纳，法特纳萨高地上的敌人仍能居高临下地威胁整个战场；二是，印第四师能够夺取法特纳萨。当图克发现第五十一师师长温伯利倾向于他的主张后，就向军长利斯交涉并保证说，如果让他的师在黑暗中奇袭法特纳萨，他的师能够在一夜之间夺取这块具有威胁性的高地。

利斯被说服后，就向蒙哥马利进行交涉，于是修改了原计划，满足了图克的要求。鉴于敌守军的力量比最初设想的强，就又在图克的右翼增加了第五十师。

正式进攻于4月6日4时在黑暗中开始，梅塞被打得晕头转向，因为他估计蒙哥马利要等月圆时才会发起进攻。在发起进攻前几小时，图克的廓尔喀士兵就向法特纳萨高地上的哨所渗透了。这些廓尔喀士兵在不断增强的后续部队的支援下，非常有效地执行了任务。

到早晨，整个法特纳萨高地就全被印第四师占领了。但在英军战线的右翼，却是一团混乱。第五十师在反坦克壕沟上和鲁马纳山脊下面的地雷场上进行了激烈的战斗。

在鲁马纳山脊上，第五十一高地师虽然已经夺得了阵地，但仍然遭到德意军的凶猛反击。该师的情况总结报告说："毫无疑问，本师在这一天经历了这次战役以来最激烈的一次战斗。"

但是，该师的英勇作战并没有迫使敌人配置在鲁马纳山脊下的88毫米大炮退却。这些大炮把在新西兰师前面摸索前进的第八装甲旅的坦克一辆接一辆地击毁，有效地阻挡了蒙哥马利部队的前进。

然而，这场战役还是打赢了。那天下午，非洲军团的高级军官们开始绝望地商量对策。虽然第十五装甲师和第九十轻装甲师这些久经沙场的部队仍和往常一样凶猛地作战，但他们的指挥官已丧失一切希望。

4月7日，战线突然崩溃，梅塞命令部队向西退却。

4月10日，第八集团军占领了斯法克斯。艾森豪威尔将军的参谋长比德尔·史密斯2月间曾在的黎波里与蒙哥马利讨论如何尽快地使第八集团军和第一集团军在加贝斯北部会师。

蒙哥马利说，他将于4月15日前到达斯法克斯。史密斯说，如果他果真能做到这一点，艾森豪威尔将军将满足他提出的任何要求。蒙哥马利说他一定能做到这一点，希望能得到一架归他个人使用的"空中堡垒式"飞机。史密斯同意了这一要求。

进入斯法克斯后，蒙哥马利给艾森豪威尔发去电报说："今晨8时30分进入斯法克斯。请派'空中堡垒'来。"

艾森豪威尔弄清情况后，为了搞好关系，就把一架"空中堡垒"连同一个美国空勤组送给了蒙哥马利。

4月16日，飞机飞来了，于是蒙哥马利成了一名完全"机动"的将军。为了这事，帝国参谋总长后来曾狠狠地责备了蒙哥马利一顿，说他不应为比德尔·史密斯的一句玩笑话而当真，因为艾森豪威尔得知这个消息时曾大发雷霆。

当第八集团军推进到突尼斯的大山脚下时，它在军事上已没有重大意义，只能作为一支牵制力量，把冯·阿尼姆的部队尽可能多地牵制在昂菲达维尔。

昂菲达维尔这个小村庄坐落在离海大约8千米的内陆，它的周围以及通向海的隧道都有防坦克壕加以防护，但这一切都只不过是要塞的前哨而已。要塞本身由一排耸立在北面的险峻的小山构成，其中约300米高的加西山耸立在村子的西面，而在加西山的北后方则是姆代克尔山。

此外，还有向东北方向延伸的卜利达山、曼古卜山和泰拜盖山。敌人在这样的地形上建立的防御阵地有两大特点：一是敌人能够看清山下平原上所发生的一切事情；二是设在顶峰线下的敌火炮阵地有极好的天然屏障，第八集团军的炮火打不到那里。

因此，对昂菲达维尔进行任何攻击都必然要付出极大代价，而只能夺取

极小地盘。要突破防线是不可能的，除非在人员和弹药方面付出惨重代价，以至于使昂菲达维尔变成像一战时索姆河或帕森达勒那样的"绞肉场"。

为了拖住敌人，蒙哥马利必须不断地向敌人施加压力，使敌人误认为第八集团军将担任主攻。新西兰师的一个营从接敌行进间发起攻击，"突然袭击"了加西山，但马上就失败了。接着又进行了几次其他试探性攻击，结果都一无所获。

最后，蒙哥马利在4月19日深夜至20日黎明前发动了一场大规模的事先部署好的进攻。这次进攻的计划要求印第四师夺取加西山，新西兰师夺取泰克鲁奈及其周围地区，而第五十师则在右翼遂行牵制任务，第七装甲师照管左翼，并与第一集团军的法国第十九军会合。

印第四师把可供使用的六个营中的四个营投入战斗，牺牲了五六百人，却只在加西山上夺得了巴掌大的一块土地。新西兰师虽于4月21日下午占领了泰克鲁奈，但却伤亡了大约500人。蒙哥马利不得不停止攻击，变更部署。

4月23日至26日这段时间，蒙哥马利在开罗参与制定"赫斯基"（进攻西西里的代号）作战计划。在离去之前，他对霍罗斯特说："现在我要你制订一个计划，通过沿着海岸的强大的进攻来突进到突尼斯。"

但血的教训使蒙哥马利认识到，有裂缝的山坡能够吞没进攻者的人力，却使防御者实际上坚不可摧。于是，他最后放弃了进攻的计划。

4月26日，蒙哥马利回到昂菲达维尔后，患了重感冒和扁桃腺炎，卧床不起。鉴于第一集团军最初对突尼斯的突破作战并不成功，蒙哥马利急于同亚历山大商量怎样迅速结束在突尼斯的战争，并转而计划西西里战役。于是，请求亚历山大来见他。

亚历山大于4月30日来到第八集团军司令部。蒙哥马利对他说："有必要整编第一和第八集团军，这样才能在最合适的地带使用最大的力量来进攻突尼斯。"

蒙哥马利建议，由霍罗克斯带领印第四师、第七装甲师、第二〇一近卫步兵旅和若干炮兵部队前往第一集团军的战线，并接管那里的第九军，负责

突破突尼斯的作战。

亚历山大表示完全同意。于是，蒙哥马利和亚历山大一起召见了霍罗克斯，并指示说："你要突进到突尼斯，结束在北非的这场战争。"

霍罗克斯率领部队前往第一集团军，并于5月6日率军从迈贾兹巴卜北面发动强大的闪电攻击，沿着迈杰尔达河谷一直冲进了突尼斯。5月12日，敌军有组织的抵抗结束，大约有24.8万敌军被俘。

5月13日，继隆美尔负责整个指挥的意军总司令梅塞陆军元帅向第八集团军投降。至此，非洲战争全部结束，德意军队以惨败告终。

第八集团军对北非最后胜利所作的贡献是巨大的。它把隆美尔和他的军队赶出埃及、昔兰尼加、的黎波里，然后协同第一集团军将他们全歼在突尼斯。

从阿拉曼到突尼斯相距大约3200千米，第八集团军却在三个月内拿下的黎波里，六个月内拿下突尼斯，创下了光辉的业绩。

1943年7月，蒙哥马利率第八集团军在西西里登陆，与美军胜利会师。

1944年前夕，蒙哥马利被陆军部电召回国接替佩吉特指挥第十二集团军群，准备在英吉利海峡彼岸开辟"第二战场"。第八集团军交由奥利弗·利斯将军指挥。蒙哥马利负责指挥远征欧陆开始阶段的地面作战，并指挥在英国的作战行动。

回国后，蒙哥马利对诺曼底登陆的总体计划做了全面而细致的准备。

至1944年5月，他视察了在英国的各个部队，同几乎所有将参加诺曼底登陆行动的官兵都见了面，并向他们发表讲话，使整个参战部队上下都充满了信心。其间，蒙哥马利还参观了英国各地生产军事装备的工厂，向工人们发表演说，极大地鼓动了群众的热情，并获得了他们的广泛支持。

经过全面的研究分析以及充分的准备，盟军于1944年6月6日开始发起诺曼底战役。他们首先以强大的空中和海上力量猛轰德军设防薄弱的滩头阵地，陆军则迅猛地在诺曼底东北部滩头登陆。

在蒙哥马利的精心策划下，英国第二集团军在左翼做出向内陆突进的威

胁姿态，以便把敌军的主要后援，特别是装甲师牵制住；同时美军第一集团军从右翼出击，尔后向南，再折往东面向环绕巴黎的塞纳河前进。其目的是希望形成一个强有力的巨轮，以法莱兹为中心旋转来切断塞纳河岸的全部敌军。

进攻开始日那天的出击收到了战术上奇袭的效果。到6月10日，各滩头占领区连成宽约100千米，纵深13千米至20千米的一片。但由于敌人负隅顽抗，再加上天气的恶劣，造成盟军增援部队无法到达，进攻受挫。

担任主攻任务的美军伤亡较大，英军次之，这便引起了美国方面，尤其是盟军最高统帅艾森豪威尔对蒙哥马利的不满。为配合"眼镜蛇"作战计划，7月底，蒙哥马利命令第二集团军重新集结力量，将主力从最左翼转移至最右翼的科蒙，断掉了敌军后撤时企图重建阵地的几个关键地区。

8月19日，盟军消灭了陷于莫坦东面"袋形阵地"的残敌，诺曼底战役最终取得了全面而具有决定性的胜利。

挺进德意志
打败希特勒

  盟军攻克巴黎后，欧洲战争的结束已近在眼前。但此时蒙哥马利同以艾森豪威尔为代表的盟军最高统帅部和美国陆军部门之间却开始出现了重大的意见分歧。

  蒙哥马利主张以巴黎为中心，集中主力向东北方向挺进。目标是在比利时建立一个强大的空军基地，在冬季到来以前攻下法、德边界的鲁尔，摧毁德国的军事工业。

  他计划该次战役的西翼作战由第二十一集团军群负责，东翼的行动由第十二集团军群负责，而由法国南部出发的龙骑兵直掏南锡和萨尔。蒙哥马利主张应该确定主力方向以及在主攻地区确保强大的兵力，以便迅速获得决定性战果。

  艾森豪威尔则主张采用"宽大正面"战略，以塞纳河为基地，向北起海牙、南至瑞士边界的正面开阔地上的莱茵河各重镇出击，以歼灭敌军有生力量。

  蒙哥马利指出若采用全线挺进、全面出击的"宽大正面"战略，进攻就不会有力，以致最后非停止不可，这样会给德军以喘息机会，将战争时间拖延。虽然蒙哥马利极力争取，但由于艾森豪威尔是盟军最高统帅，他的意见终不得实施。

  根据决定第十二集团军群的主力仍挥戈东指，朝梅斯和萨尔进击。正当蒙哥马利为"七零八落"的战场不安时，英国王室于9月1日晋升他为陆军元帅。

9月4日，收复安特卫普和卢万那天，蒙哥马利再次向艾森豪威尔提出建议，但仍未得以采纳和实施。由于物资匮乏，给养不足，蒙哥马利无力迅速攻下鲁尔、挺进柏林，也推迟了向阿纳姆发动大规模进攻的计划。

在蒙哥马利的反复争取下，计划终于得以重新审订。在同艾森豪威尔致电交换意见后，他的计划终于得到支持，但此时的情况发展却已令人担忧。

9月17日，阿纳姆战役开始进行。由于盟军最高统帅部未将此战视为北翼的主要行动，作战总体部署不妥，加上恶劣的天气影响，盟军未能如愿攻克阿纳姆北面最后的桥头堡。9月25日，盟军前线部队被迫撤退，阿纳姆战役未获全胜。

12月6日，由龙德施泰特指挥的德军突然向美国第一集团军正面即兵力薄弱的阿登地区发起强攻。其目的是力争取得所谓"德国争取战争胜利"的最

盟军两栖部队登陆（浮雕）

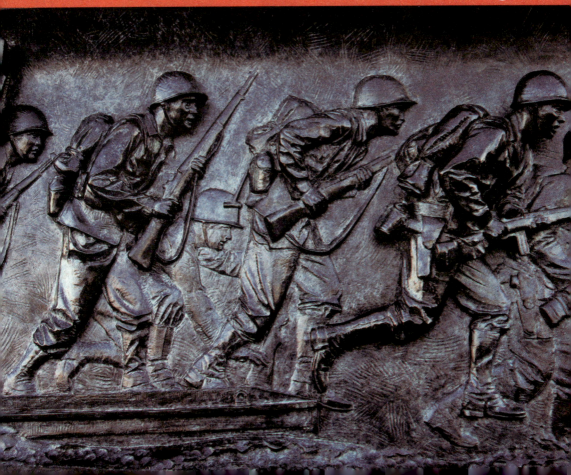

🔺 盟军抓获大量俘虏

后一次重大行动。进攻在美军防线形成了一个相当大的突出部位。局面迅速
恶化，第十二集团军群最后被一分为二。

　　蒙哥马利受命组织力量反攻。他把英国部队置于第九集团军统辖之下，
和美军共同作战，并要该集团军接管第一集团军的某些阵地。在美军后备队
组成之前，他将英军配置于第一和第九集团军后，充当后备梯队。

　　在蒙哥马利的组织部署下，情况渐趋稳定。随后，他奉命指挥整个北方
战线的盟军。盟军协调一致、英勇战斗两个星期，消灭了进攻的德军，粉碎
了龙德施泰特的阴谋。

106

阿登战役后，艾森豪威尔接纳了蒙哥马利的建议，集中力量进击鲁尔工业区的北线，并任命蒙哥马利指挥和掌握盟军作战。

1945年2月8日，美国第九集团军配合加拿大集团军向北进攻。至3月10日，美第九集团军和第二十一集团军群部队在莱茵河西岸摆开阵势。同时，美第一集团军于3月7日完整拿下雷马根的铁路桥梁，并立即在东岸建立了桥头堡。

3月23日，蒙哥马利指挥英、美联军强渡莱茵河，击溃了北德平原上的德军，之后便日夜兼程，向波罗的海沿岸进发，以防止苏联军队抢先进入丹麦从而控制波罗的海入口。

5月2日，部队抵达波罗的海的维斯马和吕贝克，在苏联军队到达前的6个小时封锁了丹麦半岛。之后，英军在东西向筑起了两条防线，第二集团军两天之内俘获战俘近50万人。

5月4日，驻荷兰、德国西北部和丹麦的150万德军向蒙哥马利投降。对德战争到了最后关头，希特勒的法西斯德国面临彻底崩溃。

1945年5月8日，欧洲战场的战争正式结束，由德国最高统帅部的军事代表签署了军事投降书。

元帅韬略

第二次世界大战著名元帅

朱可夫

格奥尔基·康斯坦丁诺维奇·朱可夫，苏联著名军事家，战略家，苏联元帅。第二次世界大战爆发后的1941年10月任西方方面军司令，指挥保卫莫斯科战役。1942年后指挥了斯大林格勒战役、列宁格勒战役等一系列重大战役。1945年5月8日，代表最高统帅部接受德国法西斯无条件投降。朱可夫被公认为是第二次世界大战中最优秀的将领之一。

参加红军
显露军事才能

    1896年12月2日，格奥尔基·康斯坦丁诺维奇·朱可夫出生在莫斯科西南的卡卢加省一个普通的穷村庄里。他的父母都是贫苦的下层人，家境凄苦，但自古寒门出英才，正是这种贫困的生活造就了朱可夫勤奋、朴实、坚毅的性格。

    8岁时，朱可夫进了一所教会小学。他背着用粗麻布缝的书包，和附近几个村里背着洋书包的小朋友一起去读书。刚开始他有些自卑，但不久，这种自卑感便烟消云散了。因为朱可夫聪明且勤奋，所以在同龄人中显得出众。

    小学毕业后，为了谋生，朱可夫告别了父母，离开家乡去莫斯科，到他舅舅米哈依尔·皮利开的毛皮作坊里当了一名学徒工。

    朱可夫心灵手巧、聪明过人，一年之后就成了学徒工里技术最好的一个。1914年，第一次世界大战爆发了。1915年7月，沙皇政府决定提前征召1896年出生的青年。1915年8月7日，朱可夫从卡卢加省小亚罗斯拉韦次县应征入伍。

    朱可夫上战场了，但他的热情并不高，因为他离开莫斯科时，只见一面是从前线运回来的伤兵，一面是阔少爷仍和从前一样过着豪华骄奢的生活。这两种鲜明的对比，使他茫然。可他还是想，既然入伍，就要忠诚地为国打仗。

    军营对朱可夫来说就像一张白纸，一切都是陌生的，一切都是新鲜的，连最习惯的走路、吃饭、睡觉，都有了新的约束和规定。第一次体验军营生活，他既感到新奇，又觉得那么不可思议。

第二次世界大战著名元帅

1915年9月，朱可夫等人被派到了乌克兰境内的后备骑兵第五团，该团驻扎在哈尔科夫省巴拉克列亚城内。骑兵当时分为骠骑兵、枪骑兵、龙骑兵三种。朱可夫被分到枪骑兵连，还分到了一匹叫"哈谢奇娜娅"的烈马。

骑兵每天要比步兵早起一小时，晚睡一小时。最要命的算是乘马训练，在训练骑乘、特技骑术和使用冷兵器时，每个人两条大腿都磨出了血，刚结了疤，又磨破了。

每次训练后，马鞍上都血迹斑斑，可朱可夫十分坚强，不怕苦、不退缩。他每次训练都最认真、最刻苦。那匹烈马不知把他从马背上摔下来有多少次，但越摔这个年轻人训练时间越长，仅仅两个星期，"哈谢奇娜娅"就被驯服了。

在1916年春天，朱可夫以优秀的成绩被选进教导队。1916年8月，朱可夫从教导队毕业，被分回骑兵第十师。当时第十师正驻在德涅斯特河岸，其任务是担任西南战线的预备队。朱可夫是乘火车前往部队的。

一路上，他看到了许多从前线运回来的伤兵，他们负了很重的伤急需治疗，但还要停下来为开往前线的部队让路，朱可夫心中有些说不出的感受。

他还从伤员那里听到各种消息。有的说俄军装备落后，伙食很差，根本打不过敌人；有的说，指挥官特别是高级指挥官名声很坏，常常为了个人利益不顾士兵的死活；还有的说最高统帅部里有敌军奸细，这仗没法打。

很快，朱可夫经受了生平第一战斗的洗礼。那是他们到达一个车站下车时，天空突然响起了空袭警报，大家迅速隐蔽起来。接着敌人来了一架侦察机，扔了几颗炸弹就飞走了，结果炸死了一名士兵和五匹马。

不久，在一次战斗中朱可夫俘虏了一名德军军官，因而获得了他军事生涯中的第一枚勋章。

1917年2月，彼得格勒部分工人开始罢工。几天后，罢工浪潮席卷全城和邻近的城市，罢工人员达20万人，并且势如潮涌，不可阻挡。朱可夫也置身到革命的浪潮之中，参加了"二月起义"，被选为连士兵委员会主席，并出席团苏维埃代表大会。团士兵委员会的负责人叫雅科夫列夫，他是一个很

111

有水平的布尔什维克。

但是，当时的国内形势瞬息万变，朱可夫那里的情况也发生了变化。5月初，雅科夫列夫调到别的地方去了。他走后，孟什维克和社会革命党人趁机在团里掌了权，宣称拥护资产阶级临时政府的方针。

不久，连士兵委员会决定解散朱可夫领导的这个连。于是，朱可夫和其他委员只好给士兵们发了退伍说明书，并让他们带上了马枪和子弹。由于朱可夫是该连负责人，所以投奔到乌克兰民族主义分子方面去的一些军官在到处搜捕他，他一连几个星期不得不躲起来。

1917年11月7日，在列宁等人的领导下，爆发了震惊世界的"十月革命"。"阿芙乐尔号"巡洋舰向临时政府盘踞的冬宫进行炮击，标志着起义

朱可夫将军(雕塑)

的开始。在布尔什维克党的率领下，成千上万的革命军队和赤卫队包围了冬宫及政府各部门。反动军队兵败如山倒，起义很快获得胜利。

当晚22时45分，第二次全俄苏维埃代表大会宣布：由于工人和士兵的胜利起义，代表大会已经把政权掌握在自己手里了。11月30日，朱可夫终于平安地回到了莫斯科。

1918年1月，朱可夫准备报名参加赤卫队。当时，各地忠于革命事业的工人武装都被称作赤卫队，这是苏维埃政权的一支重要的武装力量，由布尔什维克中央委员会军事组织统一领导。

由于赤卫队在十月革命中所起的重要作用，所以当时名声很响，青年工人十分踊跃地报名参加。但朱可夫这一愿望落空了，因为不久他得了斑疹伤寒；4月，又得了"回归热"。整整几个月，朱可夫是躺在病床上度过的，这是他一生中在病床上躺的时间最长的一次。

1918年春季，红军已扩大到近20万人。朱可夫经过几个月的调治，渐渐恢复了健康。他殷切地希望加入红军。1918年8月，朱可夫终于加入红军，编入了莫斯科骑兵第一师第四团。团长是铁木辛哥，师长就是大名鼎鼎的布琼尼将军。

朱可夫所在的骑兵第一师，是红军的创始人之一伏龙芝元帅部队的一部分，他亲身感受到了伏龙芝上任后战场及红军士气的变化，伏龙芝成为他心目中的偶像。

朱可夫认为，伏龙芝的统帅才能主要表现在三个方面：一是伏龙芝富有远见；二是伏龙芝讲究知己知彼，用己之长对敌之短，牢牢把战场主动权；三是伏龙芝和军亲众、关心士兵。

朱可夫在1919年3月1日加入了布尔什维克党，这是他政治生涯的开始，也正是因为这个开始，他才得以在苏联红军中一步步成长起来，以致成就了他辉煌的军事伟业。

1920年1月，朱可夫被派到第一骑兵训练班学习。学员都是从各部队中挑选出来的在战斗中表现突出的骑兵，军事技术比较过硬，但多数文化水平

不高，有不少人根本就没有文化。

由于朱可夫在原来的军队中干过军士，又有文化，训练班便让他兼任司务长，并委托他教学员掌握冷兵器。半年后朱可夫被分配到独立骑兵第十四旅第一团，担任了一名排长。

朱可夫由于在内战中表现出色，所以经过大规模裁军后，他仍然留在军中，并且被提升为萨马骑兵第七师第四十团副团长。

1923年春天，朱可夫接到师司令部的通知，说师长要见他。不明所以的朱可夫一开始还以为是他在工作中出了错。没想到师长很热情地接待了他，并向他询问了有关国内形势以及如何训练部队的问题。

朱可夫做了认真回答，他的回答颇得师长的赏识，最后师长决定任命他为骑兵第三十九团团长。因为在此之前有很多同志向师长推荐朱可夫担任这个职务。

朱可夫刚任团长就碰到了一道难题：该团正准备出去野营，而且这是国内战争以后，红军骑兵部队第一次进行野营训练。如何根据新的形势和任务搞好这次训练，上下官兵都很关注，许多指挥员对此感到无从下手。

朱可夫接任团长后，立即深入到连队调查研究，他发现部队纪律比较松懈，战斗准备不足，而射击训练、战术训练特别差。所以，他在布置野营基地建设时，要求各分队特别注意野营的训练设备和器材的准备工作。

1924年7月，朱可夫被师长推荐到列宁格勒高等骑兵学校深造。朱可夫把精力都投入到军事科学的研究上。这一年系统而扎实的学习对他后来成为叱咤风云的元帅，具有十分重要的作用。

此后的几年里，朱可夫先后到莫斯科高干深造班学习，接着担任了骑兵第二旅旅长，不久又改任红军骑兵监察部助理。新的工作岗位使朱可夫学习到了更多的军事理论，于是他常常从更高的层次上去研究战役战术的问题。

1933年，朱可夫又一次被提升，担任了骑兵第四师师长，年仅37岁的他跨入了红军高级军官的行列。不久又升任军长。

1939年5月，日军突然侵犯蒙古边界。根据1936年3月12日的苏蒙条约，

苏联政府有责任保卫蒙古不受任何外敌侵犯。朱可夫被紧急召赴国防委员会。在那里，伏罗希洛夫给他介绍了当时的形势，并委派他带几个专业军官立即飞赴远东亲临督战。

这次战役表明，朱可夫是个足智多谋的将领。经过几个月的战斗，苏军粉碎了日军防御，并开始巧妙地肃清孤立的抵抗据点。

至8月31日晨，侵入蒙古人民共和国领土的日军已经全部被肃清。

1939年9月15日，苏联、蒙古人民共和国和日本在莫斯科签订了一项协议，要求9月16日以前停止哈勒欣河地域的一切战斗行动。双方同意交换战俘，并建立一个委员会来确定哈勒欣河地区蒙古人民共和国和"满洲"之间的边界。

日本当局似乎受到一次痛苦的教训，于是双方都采取步骤来维持和平。从1941年4月1日，日苏签订互不侵犯条约，直至1945年苏联出兵东北以前，两国一直避免进攻对方。

朱可夫经受住了哈勒欣河战役的严峻考验。他和他的部队表现出比预料的还要顽强，而且一些军事理论和装备在实战条件下得到切实的应用。朱可夫回到莫斯科，备受嘉奖和礼遇。斯大林亲自向他表示祝贺，他还荣获了苏联英雄称号。

1940年6月，苏联人民委员会颁布命令，提前晋升朱可夫为大将军衔。不久，他被任命为苏联最大的军区之一——基辅特别军区的司令员。

哈勒河战役使朱可夫赢得了国内外的注目。苏联报刊评论认为："朱可夫在他指挥的这次大战役中，表现出了他杰出的领导才能和组织才能。"

抗击入侵
预见基辅态势

1940年，朱可夫被派到基辅担任大军区司令员后，由国防人民委员铁木辛哥和总参谋长梅列茨科夫组织策划了一次军事演习。

演习的总题目是：以苏联遭到法西斯德国突然袭击为背景，组织"红""蓝"两军的防御和进攻的战役战略演习。"红军"是苏联，"蓝军"是德国。

西部特别军区司令巴甫洛夫上将指挥"红军"，朱可夫大将指挥"蓝军"。双方各自准备，设想在苏联遭到德国突然进攻时，西部边界可能发生的情况，为未来的战争积累一些经验和宝贵资料。

斯大林十分重视这次演习，要求各军区和各集团军司令员等所有重要政治、军事官员自始至终参加这次演习。他还多次召见演习的总导演铁木辛哥，详细询问了演习的准备情况。

在这次演习中，朱可夫率领的"蓝军"获胜，根据斯大林的建议，总讲评在克里姆林宫里进行，总参谋长梅列茨科夫报告了演习的经过。

当他谈到双方力量对比的数字和"蓝军"在演习开始阶段坦克和空军的优势时，斯大林不禁打断他的话说："参谋长同志，不要忘记，决定战争的胜负的因素除了数量上的优劣，还有指挥员和军队的作战艺术。"

演习讲评的第二天，斯大林召见了朱可夫。斯大林对朱可夫在这次演习的表现很满意，又加上他先前对朱可夫的印象良好，于是他以政治局的名义任命朱可夫接替梅列茨科夫，担任总参谋长的职务。

朱可夫上任后，苏联的国际形势已经岌岌可危，德国军队进攻苏联的战

略意图非常明确。但是，斯大林错误地估计了形势。

斯大林认为：德军对苏战争中首先是力图占领乌克兰和顿涅茨克河流域，以夺取苏联最重要的经济地区，夺取乌克兰的粮食、顿涅茨克的煤，以及高加索的石油，因为这些重要的战略物资是德军进行长期、大规模战争的基础。

由于他错误地判断了德军的进攻方向和时间，使苏联红军在战争初期遭受了惨重的损失。

斯大林忽略了德军赖以称霸欧洲的"闪电战"，而1941年6月，希特勒统帅部选定的主攻方向又恰恰在斯大林没有预料到的西部方向。希特勒在白俄罗斯方向集中使用了最强大的陆军和空军集团，企图在最短的时间内攻破莫斯科。

朱可夫通过详细的侦察得知，德国法西斯军队已经在苏联西部边塞集结了大量军队，形势十分危急。朱可夫决定调动部队，针锋相对，但是斯大林仍然犹豫不决。他怕触犯德国，影响两国关系，又怕给德国抓住把柄以发动战争。斯大林为了延缓战争发生，保持国内和平费尽了心思，但战争还是来了。

1941年6月20日深夜，基辅军区参谋长向朱可夫报告，从一个德军投诚司务长口中得知，德军已经进入出发阵地，

朱可夫元帅

将在6月22日凌晨全面发动进攻。

6月22日凌晨3时7分，黑海舰队司令奥克佳布里斯基海军上将报告，有大量来历不明的飞机正向苏联海岸接近。

3时30分，西部军区报告，德军空袭白俄罗斯的城市。3分钟后，基辅军区报告，乌克兰的城市遭到空袭。3时40分，波罗的海沿岸军区报告，敌机空袭考那斯和其他城市。

战争终于爆发了。德国政府已正式向苏联宣战。直至此时还犹豫不决的斯大林在朱可夫和铁木辛哥的力劝下，才勉强下了命令任朱可夫担任西南方面军统帅部代表，立即动用各边境军区所有的兵力猛烈还击敌人的进攻，制

大炮还击

止其继续前进。

朱可夫雷厉风行，在与斯大林谈话后40分钟就已经乘飞机起飞了。他于22日黄昏时分，赶到了位于基辅市中心的乌克兰共产党中央委员会大楼。赫鲁晓夫正在等他。两位老朋友此时相见，倍感亲切。赫鲁晓夫关切地说："不要再往前飞了，否则有危险。德军飞机总是追逐我们的运输机，应当坐车去。"朱可夫听从了赫鲁晓夫的安排。

随后，朱可夫乘车到塔诺波尔去，那里是西南方面军司令员基尔波诺斯上将的指挥所。

深夜时分，朱可夫赶到目的地。下车他顾不上和高级军官们寒暄，立刻

要通了瓦杜丁的电话。

瓦杜丁报告说："到6月22日此刻，尽管采取了有力措施，总参谋部仍无法从各方面军和空军司令部获得我军和敌人的准确情报。"

朱可夫亲自赶到担任主攻任务的机械化第八军的指挥所。第八军军长里亚贝舍夫是朱可夫的老部下。里亚贝舍夫拿着地图向朱可夫报告了部署，安排干净利索，句句击中要害。

6月24日，按照统一部署，机械化第八军在别列斯捷奇科方向转入进攻，机械化第十五军在拉杰霍夫以东进攻。这两个军的出色战斗，使德军第一装甲集团的第四十八摩托化军陷入十分危急的境地。

德军统帅部调动了全部空军到这一地域抗击苏军的反突击，才使第四十八摩托化军免遭全军覆没。

在朱可夫的指挥下，西南方面军胜利实施了最初的一系列反突击。德国陆军总参谋长在这一天的日记里写道：

> 敌人（苏军）以大量坦克兵力在第一坦克集群的侧翼转入进攻。

对这次战斗，朱可夫并不甚满意，他认为，如果他手中有更多的航空兵用来与机械化军协同作战，可能会取得更好的效果。

朱可夫分析：

> 莫科斯方面的德军，由于损失太大，短期内不可能实施战略进攻；列宁格勒方面的德军，在得到兵源补充之前，也不可能夺取列宁格勒；乌克兰的德军正在与苏军对峙。

朱可夫认为，苏联最薄弱的是中央方面军，德军很可能利用这个弱点向西南方面军的侧翼实施攻击。

当斯大林召见朱可夫时，朱可夫根据当前敌我形势的分析，建议首先加强中央方面军，至少还要增加三个集团军。西南方面军必须撤过第聂伯河，把兵力集中起来，避免被敌军包围。

放弃基辅，在西部方向马上组织兵力夺取叶利尼亚的突出部。

对于当时的苏联人来说，基辅意味着生命，他们对这个地方倾注了太多的感情，自然朱可夫这个建议无异于在斯大林头上丢了个炸弹，不明形势所迫的斯大林生气指责朱可夫完全在乱弹琴。

以后的事实证明朱可夫是完全正确的。基辅会战历时一个半月，最后以苏军惨败告终，65万苏军官兵被俘，大量物资装备落入了敌人手中。

8月中旬，朱可夫率部向叶利尼亚地区的德军发起进攻。战斗异常激烈，双方在所有地段同时展开激战，德军企图以密集的大炮和迫击炮火力阻止苏军进攻，朱可夫则成竹在胸，沉着应战，下令动用所有的飞机、坦克、大炮和新研制的"喀秋莎"火箭炮猛烈还击。

9月6日，苏军最终攻占了叶利尼亚，歼敌近5个师，共5万余人。这是苏德战争开始以来苏军取得的第一次重大的胜利，苏军的士气空前高涨，坚定了战胜德军的信心。

朱可夫又被斯大林召回莫斯科，派往形势危急的列宁格勒。

重振士气
保卫列宁格勒

列宁格勒原叫圣彼得堡，是彼得大帝在1703年建立的"西方的窗户"。1712年，圣彼得堡成为俄国首都。其后200余年，它始终是俄罗斯帝国首都。1914年，改称彼得格勒。1924年，列宁逝世后又命名为列宁格勒。

正是在这里，俄国的共产党于1917年11月夺取了政权。列宁格勒是苏联第二大城市，有300多万居民，是苏联最重要的海港和重要的工业、文化中心。

列宁格勒的重大意义，苏德双方都十分清楚，1941年7月，希特勒就决定将列宁格勒和莫斯科夷为平地。

8月底，西北方面的德军进逼列宁格勒。9月8日，德军完成了对列宁格勒的包围，并开始收紧夹攻的铁钳。

负责驻防此城的苏军统帅伏罗希洛夫彻底感到绝望，他甚至跑到火线上，希望被德国人打死，苏军士兵的士气也极为低落。斯大林不得不重新启用朱可夫，要他来保卫列宁格勒。

朱可夫上任后立即着手整顿士气和纪律问题。他一到前线就发现第八集团军纪律松懈，如同一盘散沙，有些师长没有接到命令就擅自退出战斗，不少战士一听到枪声就跑，朱可夫认为对于这些状况必须采取最严厉的措施。

于是他颁布命令，凡是失职者都要处决。为了使命令具有威力，他逮捕并处决了一批投敌叛国的擅离职守的军官和士兵，并将一些不良风气弥漫的连队解散，士兵重新分配。对军队机关中不负责任、形式主义严重的不良作风，朱可夫也大力整顿。

经过整顿，部队的战斗力大大提高了，朱可夫精心制订了一个加强城防的计划。苏军在最危险地段和战略要地集中了大量的高炮、舰船，并调集兵力建立了纵深防御。

朱可夫和高级将领们面临着巨大的压力，在高度紧张的气氛中，朱可夫显得态度烦躁。但他对士兵们仍旧保持友好的态度，对于那些没有责任感的军官特别是中高级军官则大声训斥。

朱可夫的精心防御有效地阻止了法西斯德军的进攻步伐，这使希特勒大为恼怒。他下达命令猛攻列宁格勒，即使不能用武力取胜，也要用严密封锁的办法把城里人困死，然后将城市摧毁。

朱可夫面临的形势更加严峻了，他的军队不但要进行残酷的防御战斗，还要应付空袭、炮轰，而且还要应付更严重的饥饿。

为了加强防御，朱可夫把全城分为六个防御地段。每个地段都建立了以营防御区为基础的坚强阵地。此外，又组织了所有的妇女在全城修建路障，在城周围挖防坦克堑壕。

朱可夫在进行地面防空建设后，还做了最坏的打算，就是德军突入列宁格勒后的应变措施。

朱可夫命令在工厂、桥梁和公共设施内部安装了地雷，如果德军进入了城市，把这些建筑物连同敌人一同炸掉。朱可夫还给居民们发放了武器弹药，做了大量的组织发动工作，使列宁格勒变成了一座攻不破的堡垒。

由于固守列宁格勒的苏军做了充分的准备，所以尽管苏军在城市周围某些地段发起的反攻未获成功，但他们得以与进攻的德军对峙达50天之久，打破了德军从南北两个方向夹攻以夺取列宁格勒的计划。

至9月底，列宁格勒几个方面的战线都处于稳定状态。

德军为了"彻底摧毁"列宁格勒，除了陆地上封锁外，还进行了系统的炮轰和飞机轰炸。

第一次轰炸是在9月8日，但规模最大的则是9月21日至23日的轰炸，约有400架轰炸机轰炸了他们选定的主要轰炸目标，企图摧毁喀琅施塔得要塞和红

旗波罗的海舰队。

9月至10月，德军的飞机进行了数百次袭击。虽然，这些轰炸未达到目的，但毕竟给朱可夫及守军带来了极其困难的局面。后勤供应基本中断，只剩下的唯一途径就是被称为"生命之路"的拉多加湖水道。

通过这一水道运进的食品和弹药只能最低限度地满足官兵们的需要，特别是粮食的需求更加恶化。

9月至11月，居民的面包定量先后降了五次，11月20日降至最低限量，即高温车间的工人每人375克，一般工人和技术人员250克，职员和儿童125克。

可以想象，这么点粮食会出现什么情况呢？不少妇女在挖工事时，饿得一头倒在地上再也起不来了；工人安装机器时，一下子倒在机器上再也唤不

醒了。为了节省体力，对路旁的尸体，人们也无力去进行安葬。

在这种困难的情况下，红军在朱可夫的指挥下仍然英勇作战，一次又一次把红了眼的德军打退到他们的进攻出发地。

到9月底，德军终于相信，列宁格勒的防御十分坚固，依靠现有兵力是无法摧毁它的。剩下的办法只有一个，那就是围困列宁格勒，企图使苏军丧失战斗力，不战而胜。

德国的企图最终还是失败了。1943年3月初，苏军开始全线反攻，终于结束了长达一年多的列宁格勒保卫战。

列宁格勒保卫战的胜利是空前的，它不仅坚定了苏联人民必胜的信心，打击了德军的气焰，而且牵制了德军大量的兵力，对其他战场形势的转变起了重要作用。朱可夫为于这个战役的胜利，做出了巨大贡献，的确是功不可没。

被德军炸毁的苏联城市（油画）

打破神话
赢得莫斯科会战

1941年10月上旬，德军知道列宁格勒是攻不下的。于是，集中了100多万人、1700多辆坦克和1900门大炮，在空军掩护下，又对莫斯科发动了猛攻。

这是一场关系苏联生死存亡的大战。斯大林又一次将指挥棒交给了朱可夫。

10月10日，斯大林给朱可夫打来电话，正式通知他，最高统帅部决定任命他为西方方面军司令员。最后，斯大林以命令的口吻在电话中大声说："赶快把一切都抓紧干吧！"

很快，朱可夫就接到最高统帅部于1941年10月10日17时发布的命令：

> 西方方面军和预备队方面军合并为西方方面军；任命朱可夫同志为西方方面军司令员；任命科涅夫同志为西方方面军副司令员；任命布尔加宁同志、霍赫洛夫同志和克鲁格洛夫同志为西方方面军军事委员会委员；朱可夫同志于1941年10月11日18时开始指挥西方方面军；撤销预备队方面军指挥机关，用以补充西方方面军和莫斯科战线的预备队。

接到命令后，朱可夫立即出发去西方方面军司令部。该方面军司令部临时设在几个帐篷内，朱可夫走进帐篷后立即投入了战役的组织工作。

熟悉朱可夫的人都知道，他是一个意志坚强、处事果断、具有杰出才干

126

和天赋的人，也是一个要求严格、持之以恒、目标明确的人。所有这些品质对于一个精明强干的军事首长来说，是必不可少的。

在莫斯科会战最激烈的日子里，正是由于朱可夫许多优秀的个性品质，才使他在国家与民族的危难时刻，挑起了挽救莫斯科和整个国家的千斤重担，能够组织起保卫莫斯科的有效防御。

朱可夫以他特有的充沛精力和工作效率，开始实施这新的使命。他通过实地考察军情，制订了一系列战略方针：在莫斯科正西方向建立一条牢固的防御带；加大纵深防御，建立第二梯队和方面军预备队，随时听候调动；组织有效的地面和空中侦察，以加强对方面军各部队的指挥；安排好军队的物资保障；增强战士们必胜的信心。

最让朱可夫头疼的问题是兵力不足，现有的部队根本无法有效地驻守莫扎伊斯克防线。最高统帅部竭尽全力从其他地方调集了14个步兵师、16个坦克旅、40个炮兵团，以解燃眉之急。

与此同时，莫斯科几十万居民不分昼夜地构筑保卫首都的防御工事。他们修筑了72000米长的防坦

朱可夫将军（塑像）

127

克壕、近90000米长的峭壁和断崖，设置了50000多米长的障碍物地带，挖掘了近12万米的战壕和交通壕。这些用居民双手挖出的300多万立方米土石，建立起一个蔚为壮观的环形防御圈。

前线的苏军官兵知道，全国人民都在为保卫莫斯科作最大的支援，这种军民同仇敌忾的团结精神，是苏军取得莫斯科保卫战胜利的鼓舞力量和坚强支柱。

11月上半月，苏德军队双方都做了新的调整和补充，莫斯科附近一场更大规模的生死决斗即将开始。

11月15日清晨，德军从北面、南面、西面对莫斯科发起了猛攻。德军的总的战役计划是：第九集团军牵制加里宁方面军并进攻克林，从北面包围莫斯科；第二集团军牵制西南方面军并占领图拉，从南面包围莫斯科；第四集团军在西面消灭莫斯科附近的苏军。然后从南、北包抄，在莫斯科以东会师并完成包围，最后几个集团军同时配合，正面进攻，一举占领莫斯科。

在11月16日以后的几天里，莫斯科形势极其危险，德军不顾一切动用强大进攻力量，用坦克开路，对苏军实施沉重的打击，苏军的兵力显得非常薄弱。

虽然在前几天残酷的战斗中，苏军损失惨重，但他们却以顽强的抵抗阻止了德军向莫斯科的推进。在德军方面，虽然战线向前推进了，但是种种不祥之兆却弥漫在军队中。连续作战的疲惫和日渐寒冷的天气成为德军面临的两个大敌。

最让德国士兵不安的是，由于战线过长，使得补给品奇缺，尤其是冬装非常缺少。在零下20多度的冰天雪地里，德军士兵只穿单薄的军服，冻得瑟瑟发抖，浑身僵硬。

从11月中旬起，其他战区的苏军相继展开了一些反攻，牵制了德军的兵力，支援了莫斯科方面的防御战。然而，虽然德军进攻受阻，但是对莫斯科的威胁仍未减轻。德军继续缓慢地向前推进，日益逼近莫斯科。

苏军最高统帅部经过仔细的分析，通过了朱可夫的反攻计划。在苏军大

反攻前夕，苏德双方在莫斯科附近的兵力情况并不利于苏军：苏军有110万人、7652门大炮、774辆坦克、1000架飞机；德军共有170万人、13000门大炮、1170辆坦克、615架飞机。

但朱可夫分析，德军人数虽多，可战线拉得过长，两翼的突击部队相距200千米，兵力分散。而苏军兵力则比较集中，可以集中局部地区的优势兵力打击敌人。

1941年12月6日早晨，朱可夫的西方方面军从莫斯科南、北两面开始了反攻，几乎在同一时期，友邻方面军积极配合，苏德双方展开了大规模的战斗。经过10天的激烈较量，使已经削弱和极度疲惫的德军遭受重大损失，他们不得不在苏军压力下节节败退。

希特勒得知德军败退的消息后大发雷霆，歇斯底里地禁止前线部队继续后退，并答应补充部队。然而在苏军英勇无畏的进攻下，至12月底，德军已经山穷水尽、走投无路了。

德军在莫斯科战役中的失败，是德国法西斯发动第二次世界大战以来所遭到的第一次重大失败。它打破了希特勒"闪电战"不可战胜的神话，大大鼓舞了世界反法西斯战争的斗志。

在此之后，德军的有生力量大大削弱，它在世界各地的侵略战争也终于开始走下坡路了。而苏军却得以进一步发展壮大，士气高昂。

朱可夫作为拯救莫斯科的英雄，在这场举世闻名的战役中名声大振，被斯大林称为"胜利的象征"。

浴血奋战夺取
斯大林格勒胜利

"闪电战"美梦的破灭，使德军无力在苏德战场上发动全面进攻，希特勒被迫采取重点进攻的战略，他把眼光盯上了斯大林格勒。

希特勒的如意算盘是先夺取斯大林格勒，占据这个重要战略要地和战略物资基地，然后由此北进莫斯科，对莫斯科形成夹击之势。

德军在苏德战场的南部部署了150万以上的兵力，其中"南方"集团军群共97个师，90万人，分为A、B两个集团军群。动用了1200辆坦克和强击火炮，1640架战斗机，于1942年6月28日发动了对斯大林格勒总攻。

为减轻斯大林格勒方面的压力，9月3日早晨，经过炮火准备，苏联第一集团发起了反攻，但是只前进了几千米就受到德军的有力阻击而被迫停了下来。

9月5日拂晓以前，如同朱可夫所估计的那样，斯大林格勒附近并没有发生特殊事件。按预先计划，9月5日早晨，苏军炮兵和航空兵开始火力准备，随之发起了攻击。但德军的阻击仍很顽强，经过一天的交战，苏军进展甚微。

由于苏军这次大规模的反击，迫使德军把大坦克、炮兵和摩托化部队从斯大林格勒附近向北调动，从而延缓了攻击斯大林格勒的速度。

德军用在斯大林格勒方向的兵力有50个多个师，其中用来直接攻击市区的有12个师，共17万人，拥有500辆坦克、1700门大炮和迫击炮。

苏军斯大林格勒方面军和东南方面军虽然合起来有120个师，但是人员编制严重缺额，许多师只有编制人数的20%至25%，有的只有800人。实际上负责防守市区和西南一带的主力第六十二和第六十四集团军总共只有90000人、1000门大炮和迫击炮、120辆坦克。在市区争夺战中，德军的兵力和武器上是

第二次世界大战著名元帅

占优势的。

9月13日至15日的3天，对交战双方来说，都是十分艰难的日子。争夺市区的激战达到白热化的程度，全市的街道和广场变成了激烈的战场，有些重要据点被反复地争夺，第一火车站的争夺战持续了一周之久，曾13次易手。

德军不顾一切，一步步向市中心逼近。苏军似乎有些支持不住了，兵力每时每刻都在减少。但是苏军在斯大林格勒人民群众的支援和配合下，战斗意志无比坚强，只要德军一向前推进，就以顽强的阻击让他们付出沉重的代价。

在这场殊死的战斗中，值得一提的是苏军战士为保卫祖国的每一寸土地，表现出的那种视死如归的英雄主义精神。苏军的顽强使得德军精疲力竭，一筹莫展。

战前，德军十分蔑视苏军在斯大林格勒的力量，但受到意想不到的痛击之后，他们就逐渐感到恐惧和悲观。

经过连续13天的战斗，德军在9月25日占领了市南和市中心的部分地区，并且前进到伏尔加河河南，几乎每一个渡口都被苏军强大的火力控制着，斯大林格勒变成了一个大战场，历史上规模最大的巷战在这里展开了。

朱可夫命令红军战士在任何情况下都要坚守城市，每一幢房屋，只要有苏联军人，哪怕只剩下一个人，也要成为敌人攻不破的堡垒。

为了适应战争形势，朱可夫下令在部队中组织新战斗单位，即突击小组。

尽管炮火连天、弹片横飞，被炸毁的工厂却成了苏联人的抵抗中心。朱可夫在纷乱复杂的战争形势中，再次显示了他惊人的预见性。

他分析后认为：尽管敌人暂时处于进攻之势，但苏联红军的顽强设防使他们很难完成既定目标，而随着时间的拖延，敌人的补给将越来越困难，恶劣寒冷的天气也将给他们造成极大的困难。

德军攻打斯大林格勒市区的战斗从9月13日开始，至11月18日结束，历时两个月。

朱可夫制订了"天王星"反攻计划：苏军从斯大林格勒西北部和南北两线向中心反攻，合围在那里的德军第六集团军和第四集团军。

朱可夫将军（塑像）

为了迷惑敌人，朱可夫又实施了一系列漂亮的伪装措施。10月中旬，当德军的进攻陷于停顿之时，斯大林格勒前线各方面军接到命令，停止一切具有攻势的作战行动。这一命令中详细地讲述了如何安排冬季的防御，如何构筑工事，如何在支撑点储备粮食、弹药等。

与此同时，苏军正在秘密地把部队不断调往准备实施突击的方向。

德军情报机关上当了，他们坚信苏联军队不会发动反击。朱可夫以其高超的指挥艺术，使红军赢得了艰难的战略主动。

1942年11月19日7时30分，隆隆的炮声宣告了西南方面军和顿河方面军进攻德军的战斗正式打响。苏军大反攻的序幕拉开了。

在斯大林格勒西北部，苏军西南方面军的3500门大炮直射德军阵地，然后以坦克和机械化部队为先导，突击德军的薄弱阵地。

面对苏军强大的攻击压力，德军陆军参谋长建议从斯大林格勒撤军，加强后方，巩固前方，然后进攻发动突击的苏军。

但刚愎自用的希特勒听到撤军的建议暴跳如雷，驳回了德军陆军参谋长的建议。德国纳粹元首的顽固，给了朱可夫实施其战略计划的绝好机会。

经过十余天的激战，至11月30日，苏军已完成了对德军共22个师33万人的合围，将其压缩在1500平方千米的范围内。

面对合围数量如此之大的德军，斯大林十分担心德军发起突围反攻，苏军会支持不住。

朱可夫再次分析了战争态势。他认为以德军目前现状，是不会轻易冒险突围的。但是如果有其他军团的辅助突围，情况就不好说了。当前最紧迫的是防止其他地域德军的支援，主要是防止德军顿河集团军前来解围。

就在苏军分析怎样消灭德军的同时，德军也在积极想办法解围。曼施坦因元帅计划由德顿河集团军群的主要兵力发动进攻，支援第六集团军和第四集团军，另外，秘密派坦克师来支援。

曼施坦因元帅得意地把这一作战计划命名为"冬季风暴"，妄图以此摧毁苏军的包围。可惜他的计划与朱可夫的分析如出一辙，朱可夫已经对此

做了精心的准备，设计了整套"包围打援"方案，不仅打退了前来支援的德军，还将包围的德国压缩在更小的范围之内。

德第六集团军对自己的处境非常清楚，一再请求希特勒准许他们突围。但不甘心失败的希特勒却要求他们继续死守。他给部下打气说，只要坚守到明年春天，德军就可以展开新的攻势。

希特勒的刚愎自用为朱可夫实现战役目的创造了极其有利的条件，也为德国第六集团军的彻底灭亡挖掘了坟墓。

1943年1月10日，苏军以5000门大炮轰击包围圈内的德军，随后坦克和步兵发起迅猛的冲锋。

德军由退却变成了无目的的逃跑，沿途丢下成千上万的尸体。不到6天，德军的阵地又缩小了一半。1月24日，德军元帅保卢斯再次电请希特勒允许立即投降，但是他得到的仍然是"不许投降"，要死守阵地，"直至最后一兵、一卒、一枪、一弹"的命令。

至1月25日，德军被击毙、击伤和被俘者已超过了10万人。苏军又把包围圈缩小到南北长20千米、东西宽3500米的地段上。

2月2日，被围德军全部被歼灭，历时200天的斯大林格勒大会战以苏联红军的英勇胜利而告终。斯大林格勒会战是苏德战争的转折点，也是第二次世界大战的转折点。从此，苏军开始进入战略反攻阶段，德军则走向灭亡。

朱可夫因在苏德战争中的卓越功勋，被授予苏沃洛夫一级勋章，勋章后面标有"第一号"的字样。

斯大林格勒会战的胜利吹响了苏军战略进攻的号角。在1942年至1943年之交的秋季战役中，苏军共消灭了德军100多个师，迫使德军在整条战线上后退了600千米。

全面反攻占领
德国首都柏林

　　苏联红军经过了1943年的反攻和1944年总攻后，开始了向希特勒的老巢柏林挺进的步伐。

　　1945年4月5日，朱可夫向所有的集团军司令等各级军队的指挥员宣布了斯大林的命令：从1945年4月16日凌晨发动总攻，包围法西斯德国的老巢柏林，粉碎、消灭敌人的有生力量，在柏林上空升起胜利的旗帜。

　　当时在柏林地区，敌人还有214个师，其中有34个坦克师和15个摩托化师，共有100万以上的军队、约10000门大炮、1500辆坦克、3300架飞机。除此之外，陆军总司令部队有8个师，柏林市民还组建了200个人民冲锋队营，守备部队超过20万人。

　　苏联红军也调集了所有的有生力量，与德军相比，在兵力和装备上都占有优势。1945年4月16日凌晨3时，苏军向柏林发起了总攻。

　　首先炮兵开火，万炮齐鸣，第一白俄罗斯方面军在战役的第一天，就向敌人阵地发射了80多万发炮弹和迫击炮弹，其中50万发是在头25分钟发射的。朱可夫精心策划了这种前所未有的猛烈的短促的炮火准备，使敌人惊慌失措。德军为此遭受了极大的损失，调集到前沿阵地的德军处于毁灭性打击的焰火之中。

　　德军一发炮弹都没有打，只有几挺机枪响了一阵儿，朱可夫当机立断，命令地面部队进攻。

　　立刻，苏军几千枚五彩缤纷的信号弹升入天空，接着140部功率强大的探照灯一下子都打亮了。这又是朱可夫创造性的一个好主意，强烈的电光把

德军阵地照得通明，德军士兵被突如其来的强烈光柱照得目眩眼花、心惊胆战。

他们认为这又是苏军的什么新式武器，在探照灯的照耀下，原来掩藏在黑暗中的德军目标暴露无遗，苏军的炮兵趁势猛烈射击，步兵和坦克也协同一致地冲了出去。

苏军的攻势越来越猛，德军前沿部队完全被掩埋在一片炮火的海洋之中。在两军之间，掀起的烟尘就像一道厚厚的烟墙矗立在空中，有的地方连探照灯的强光也照射不透。

在交战的第一昼夜，苏军出动轰炸机达6550架次以上。发射炮弹123.6万发，也就是说2450车皮的炮弹，近98000吨钢铁都落到了德军的头上。

纵深8000米范围内德军的防御基本被摧毁或受到强大压制。德军部队受到苏军如此凶猛的攻击后，被迫退到泽劳弗以东的高地。

泽劳弗高地处在苏军向柏林进攻的途中，高地四周地势险要，向东的坡面陡峭，它的后面是一片高原。

在战役发动之前，朱可夫和他的部属对泽劳弗高地一带地形的复杂性估计不足，他没有料到德军在高地的反面斜坡上隐蔽的兵力和武器很不容易被苏军的炮火所损伤，所以德军可以凭借这一地势组织起苏军难以攻击的防御。

缓慢的推进令朱可夫感到不快，他收到斯大林的命令，把原本计划直至有突破性进展才动员的后备军也投入战斗。到傍晚时，红军前进了大概6千米并取得一些地区，但德军防线仍然原封未动。

朱可夫不断增加突击力量，并将两个坦克集团军投入战斗，但几次进攻都被德军打退。4月17日晨，朱可夫集中了方面军的几乎所有炮火，在猛烈的炮火准备后，近千辆坦克排成一列纵队向前推进，前面的一批坦克被击中起火，后面的顶走它继续前进。

苏军士兵从浓密的大火中冲过去，大声呐喊着向高地上爬，前面的一群倒下，后面的继续喊叫着往上冲。在德军士兵看来，苏军士兵好像发了疯一

МАРШАЛУ ЖУКОВУ

斯大林和朱可夫（人物模仿）

样。

这种无畏的进攻气势，对德军来说无疑是一种最可怕的心理震慑。此时的德军已经经受不住朱可夫部队狂潮般的攻击，开始从泽劳弗高地向柏林退却。

至4月18日早晨，这个被称为"柏林之锁"的高地被朱可夫的部队打开了。苏军终于攻占了泽劳弗高地，歼灭守敌近3万人，并继续向柏林城挺进。

20日晨，白俄罗斯第一方面军先头部队第三突击集团军在库兹涅佐夫上将的率领下，抵达柏林近郊，使整个柏林城市区处于其榴弹炮和加农炮的射程之内。

20日下午1时30分，苏军的地面炮兵群首次向柏林城内轰击。

同样是4月20日这一天，在四面楚歌中，希特勒迎来了自己56岁的生日。在这之前他的情人爱娃·勃劳恩，也从阿尔卑斯山的别墅里公开地来到了他的身旁。

她是一位身材苗条、容貌秀丽的金发女人。平时她很少露面，由于她性情随和、寡言少语，很得希特勒的喜爱。

此时，她已经下定决心要同希特勒死在一起。希特勒的生日纪念活动是在地下室里举行的。

希特勒原以为他可以留在柏林，鼓舞士气，以图东山再起。可是朱可夫部队的迅猛进攻彻底粉碎了他最后的美梦。

走投无路的希特勒待在地下室里踱来踱去，手里摇晃着被手汗浸湿得快要破碎的地图，焦急地等待着援兵的消息。

希特勒不但没有等到什么好消息，却收到了给他和所有在场的人致命打击的报告：第三帝国的第二号人物戈林和最"忠诚"的党卫队全国总队长希姆莱背叛了希特勒。

这个消息标志着第三帝国的末日真正来临了。此时，希特勒作出了他一生中最后的决定：他要在黎明时与情妇爱娃·勃劳恩结婚。

结婚仪式是在地下室的一间小会议室里举行的。

4月30日，绝望的希特勒把手枪对准了自己的脑袋……戈培尔、鲍曼和其他几个人听到元首寝室一声枪响，他们等待第二声枪响，但是却没有声音。

等了一会儿，他们轻轻走进元首的房间，看到希特勒的尸体趴在沙发上，还在淌血。他是对着自己的嘴放的枪。爱娃躺在他的身旁，她是服毒自尽的。

接着，戈培尔等人将希特勒和爱娃的遗体抬到总理府花园的一个弹坑里，浇上汽油进行火化。

希特勒自杀的当天清晨，朱可夫的大炮向德国国会大厦开火。由库兹涅佐夫上将指挥的第三突击集团军攻占了大厦的主要部分。

为了争夺这座象征第三帝国政权的庞大建筑物，朱可夫的部队和装备精良的德国党卫军部队进行了一场近距离的血战。即使在苏军占领了大厦下面各层楼以后，在上面楼层守备的德军仍不肯投降。苏军只好一层楼又一层楼地与德军搏斗。

直至夜间，苏军才终于在大厦的主楼圆顶上升起了苏联的旗帜。此时亲自指挥这一历史性战斗的库兹涅佐夫将军抑制不住自己激动的心情，朱可夫此时也激动不已，因为他在4年的卫国战争中，一直盼望着这一历史时刻的到来。

柏林攻克了，世界反法西斯的战斗也即将结束，但朱可夫在卫国战争中多次临危受命，挽救败局所谱写的军事史的神话却永远留在了史册，他赢得了人们永远的崇敬。

1995年5月9日，第二次世界大战胜利50周年前夕，塑有朱可夫元帅的纪念碑在莫斯科市中心红场革命博物馆前落成。整个塑像由最负盛名的雕塑家精心设计，外加青铜铸就。世界人民纷纷来此瞻仰，纪念名垂青史的朱可夫元帅。

元帅韬略

第二次世界大战著名元帅

华西列夫斯基

　　亚历山大·米哈伊洛维奇·华西列夫斯基，苏联元帅、军事家。第二次世界大战时任苏军总参谋长。1941年6月，苏德战争爆发，华西列夫斯基所在的总参作战部成为苏军最高统帅部大本营的核心部门。9月底，德军兵临莫斯科城下，华西列夫斯基领导总参谋部10人小组直接为大本营服务。此后，他参与指挥了莫斯科保卫战、斯大林格勒战役等多次重大战役。

恪尽职守的
作战部副部长

亚历山大·米哈伊洛维奇·华西列夫斯基于1895年诞生于俄罗斯，父亲是一位神父。华西列夫斯基在第一次世界大战爆发时从军参战，表现出杰出的军事才能，21岁时被提升为营长，获上尉军衔。十月革命爆发后，华西列夫斯基加入苏联红军。

1920年11月，华西列夫斯基所在的步兵第四十八师奉命调到斯摩棱斯克省驻防，同时负责该地区的剿灭残匪的工作。他所担任营长的那个独立营由于一些年纪较大的军人被动员退伍或发送回籍而宣布解散。

1922年，苏俄工农红军开始改制，他被任命为第一四二团副团长，后因团长被派出学习，他便代理该团团长之职，未久，则成为该团的正式团长。

1922年9月，华西列夫斯基还率所部参加了军区联合组织的一次各兵种协同作战的大规模对抗演习。这在国内战争结束以来还是第一次，当时的苏联红军总司令加米涅夫及红军第一副总参谋长沙波什尼科夫都亲自参加了。

通过这次大规模军事演习，华西列夫斯基大开眼界。虽然自己只是一名普通的红军中级指挥员，但他已经认识到，军队今后的首要任务必须是下大力全面提高指战员的军事理论修养和作战技术水平，从根本上提高部队的战斗力。

因此，他在自己所在团内率先开展各种军事技术训练，甚至包括旨在提高指战员身体体能素质的军事体育训练活动。为此，华西列夫斯基本人多次受到师首长，甚至上至军区首长的表彰。

正因为如此，当1924年年初整个苏联红军倡导提高部队全面战斗力的活

动展开后，华西列夫斯基便被师部调出，指定由他担任师初级指挥学校校长之职。

在此任上，华西列夫斯基充分发挥了自己的特长。他不仅为步兵第四十八师培养出了第一批现代化条件下中级指挥员的助手，而且还在军事教学实践中独创了一套新的教学与训练方法，特别是结合当时进行的军事改革活动，对该师初中级指挥机构做了相当合理且更切合实际需要的大胆调整。

华西列夫斯基的一个很显著特点和优点，就是干一行，爱一行，钻一行。他总能在自己的任何工作岗位上都取得令人称誉的成就。

1926年夏，当华西列夫斯基在第一四三团团长任上的时候，他奉命到"维斯特列尔"步兵战术进修学校团长进修班学习了一年。

该校是苏军最老和最有名望的一所军校，始建于1918年11月，至1924年正式定名为：共产国际"维斯特列尔"工农红军指挥人员步兵战术进修学校。

1927年8月，华西列夫斯基为期一年的军校进修结束。他仍回到了原来的第一四三团工作。此后不久，他又被派到第一四四团担任团长。

1931年秋，华西列夫斯基奉命由步兵第四十八师调入苏联红军军训部任职。当时，苏军军训部是一个刚刚成立的新部门，它的主要任务是负责全军新形势下军事训练的安排部署、督导检

华西列夫斯基戎装像

元帅韬略

苏军战士

查等工作。

在军训部工作的两年时间里，华西列夫斯基先是主持编辑《军训通报》。后来，苏军最有影响的军事学术刊物《军事通报》也转归军训部办，他同时也成了该刊的主要负责人。

此间，华西列夫斯基深入地研究了关于大纵深进攻战役的理论，以及诸兵种合成战斗动作协调等一系列最新军事科学理论。这为他后来在卫国战争中成功地筹划和领导大规模战役行动奠定了坚实的理论基础，也构成了他军事思想的主要框架。

由于华西列夫斯基在大纵深战役理论研究方面的突出成绩，当谢佳金将军出任第二任军训部部长后，华西列夫斯基曾多次被派遣到各军区的野战部队去检查应用训练演习。

在1933年夏季进行的诸兵种合同大纵深战役试验演习中，华西列夫斯基被任

命为演习导演司令部的参谋长。担任这次演习总导演的是苏军参谋长叶戈罗夫，副导演是苏军炮兵主任戈罗夫斯基。

为了这次震动全军的大型演习的准备和总结工作，华西列夫斯基整整忙了4个月。演习结束后，他参与编写了《大纵深诸兵种合同战斗细则》《步兵、炮兵、坦克兵和航空兵在现代诸兵种合同战斗中的协同动作细则》。这些，后来曾广泛发至全军各部队使用。

1934年，华西列夫斯基被派到伏尔加河沿岸军区司令部担任军训部长一职。此间，他结识了许多后来成为苏军名将的军事领导人。如他的终生挚友、著名的朱可夫元帅及索科洛夫斯基元帅、布琼尼元帅、特卡切夫将军等都是他在这时认识的。

1935年9月，苏共中央和人民委员部做出决定，在陆海军中普遍实行指挥人员和领导人员军衔制。华西列夫斯基当时被授予上校军衔。

1936年秋，受国防人民委员派遣，华西列夫斯基上校前往刚刚成立的总参谋部学院深造。毕业后，留在总参军事学院担任包括集团军战役教研室在内的后勤教研室主任。

1937年9月，当华西列夫斯基在总参学院工作刚满一个月时，总参谋部又来了新的调令。总参谋部任命他为总参机关主管军队高级指挥人员战役训练处处长一职。

这样，从这年10月起，华西列夫斯基就开始在苏联红军总参谋部工作了。这时他根本预料不到的是，此后这里竟成为他长期永久性的家。

1939年年初，由于战争日益临近，总参谋部决定将原来的作战处扩充为权限更高的作战部，作战部是总参谋部的核心机构。同年6月，华西列夫斯基出任作战部副部长，同时兼任战役训练处处长之职。

尽管苏联政府与法西斯德国签订《苏德互不侵犯条约》，但苏联最高军事委员会对此并不抱幻想。还在战争爆发初期，斯大林便指示总参谋部着手拟定和编制旨在应付突发事变的苏军战时集中和展开作战计划。

这项工作最早是由苏军总参谋长沙波什尼科夫负责领导的，具体参与这

项计划编制的即是总参作战部瓦图京部长与华西列夫斯基副部长。

1940年5月间，为适应即将到来的战争形势，苏共（布）中央和苏联政府对国防人民委员部和总参谋部的领导进行了大幅度的调整。在这次调整中，华西列夫斯基被任命为总参谋部第一副部长，具体负责西方工作。

1941年6月22日凌晨，法西斯德国在苏联边境西部1000多千米的宽大正面突然发起了侵苏战争。至此，希特勒蓄谋已久的苏德战争终于爆发了。

战争爆发最初的两个月里，华西列夫斯基的工作岗位一直在总参谋部作战部。那时，作战部简直像一所蜂房，"蜜蜂"从前线飞回来，带来了紧急情报，立即分发到当时根据战斗方向成立的三个处——西方处、西北处、西南处。各个方面军司令部都把他们的情况汇总到这里，经过处理再转给最高统帅或大本营，然后他们再把新的训令或命令下达给前线各部队。

作战部内挂满了各种比例和各种用途的地图，电话机话筒上的连线长达10米以上，这为的是一边听电话，一边随手在各处的地图上做好军事标记。10多部电报机和数十部电话终日终夜地工作。有时这还不够，则只能靠通讯飞机或侦察机与前线保持联系。

华西列夫斯基经常向同僚们说的一段话就是："准确而可靠及时的情报，对一个参谋人员来说就像空气一样必不可少。"前线有什么变化？我军和敌军的部队位置现在哪里？战斗在什么地区进行？援军要派往何处？什么地方需要技术兵种？需要哪种技术兵器？……所有这些，都需要有条不紊地、不误时机地传到大本营，传到最高统帅那里。

第二次
世界大战
著名元帅

尽职尽责的
统帅部智囊

苏德战争进入第一个秋季的时候，法西斯希特勒军队并未丧失其优势地位，虽然自入侵苏联以来他们已经损失兵员达53万之多，但他们仍在气势汹汹地猛烈向东推进。法西斯军队仍然掌握战争的主动权，掌握制空权，在战场总兵力和兵器方面也仍有相当大的优势。

在西北地区，苏军未能制止住德国军队向列宁格勒的挺进，随后这座城便遭到了敌人的围困；在西南战场，由于基辅陷落，致使哈尔科夫工业区和顿巴斯受到严重威胁。在克里米亚，苏军受到了敌人的分割包围，他们独自承受着法西斯军队的打击。

那时，苏军最高统帅部大本营和总参谋部所最为关切的仍是西部战场，即中央方向的战局变化。

总参谋部认为，虽然秋季以来这里的形势比较稳定，但这并不全是因为法西斯军队曾在这里遇到了顽强的抵抗和打击。显然，敌军由进攻转入防御只是暂时的，他们正在这个方向上组织新的突击集团，以便在他们认为适当的时候从这里发动对莫斯科的第二次攻势。

因为，法西斯希特勒一直坚持认为，只要苏联首都还是苏方战争的鼓舞中心和组织中心，那么就休想取得对苏战争的最终胜利。所以，他们一定不会放过在这里通过殊死决战来决定战争命运的机会。

事实证明，苏军总参谋部的判断是正确的。

9月底，希特勒德国军队基本上完成了夺取苏联首都莫斯科的战略部署。希特勒在"中央"集团军群司令部的会议上说，在这次战役中必须对莫斯科

实行合围。进攻方法仍像战争初期那样，同时从三个方向给拼死防御的苏军以决定性打击。他把该战役命名为"台风行动"，规定的突击日期为10月2日。

当时，德军"中央"集团军群已集中了77个师的部队，总人数在100万以上，拥有1700辆坦克和强击炮、1400门火炮和迫击炮、950架作战飞机。

而与之对抗的苏军西方方面军、大本营预备队方面军和勃良斯克方面军，仅拥有约80万兵力、6808门火炮和迫击炮、782辆坦克和545架飞机。更为严峻的是，当时大本营已经不再掌握有已经编成的任何战略预备队了。

9月30日，德军"中央"集团军群装甲部队首先派出的一支先遣部队出发了。

10月2日，霍特的装甲兵团和古德里安的装甲兵团同时在两个方向发起突击，从而揭开了维亚兹马和勃良斯克双重战役的序幕。先是奥廖尔被攻占，接着维亚兹马和勃良斯克也相继陷落。

在西南方向，距莫斯科不到100千米的卡卢加被攻占，在西北，距莫斯科93千米的加里宁城也被攻占。

华西列夫斯基上将视察军队

莫斯科处于危急中。

10月5日，国防委员会做出保卫莫斯科的决定。决定号召全体莫斯科市民，必须不惜一切代价，协助苏军保卫自己可爱的城市和祖国的首都。

当天下午15时，华西列夫斯基到达西方方面军司令部。在那里，经过与该方面军首长一道努力，用了5天时间，终于从尔热夫、谢切夫卡及维亚兹马撤下来的部队中抽调了5个步兵师的兵力，并派他们开赴莫扎伊斯克一线。

10月9日，当华西列夫斯基在西方方面军司令部向斯大林作例行工作汇报时，斯大林决定把朱可夫从列宁格勒方面军调来，继续担任西方方面军总司令，并准备把大本营预备队方面军合并到该方面军以加强力量，华西列夫斯基表示完全同意这种安排。

次日上午回到莫斯科后，大本营就作出了这项正式决定，最后的命令文稿即是华西列夫斯基亲自起草的。

10月14日，法西斯德国军队又开始进攻。莫斯科的各个主要方向都在进行激战。各方向的战线都越来越逼近莫斯科市区，首都的危险大大地增加了。

为此，国防委员会决定，一些政府机关、外交使团、大型国防工厂以及苏联首都的科学文化机构都必须撤出莫斯科市，只允许国防委员会、最高统帅大本营及对国家和武装部队实施有效领导所必不可少的党、政、军机关留在这里。

16日，最高统帅部决定，为了做到在任何情况下都能可靠地指挥部队，必须把总参谋部分成两个梯队：第一梯队总计10人，由副总参谋长华西列夫斯基领导，留下负责前线军队的指挥；第二梯队是大部分，则由总参谋长沙波什尼科夫带领迁往新地点，并在次日早晨乘坐两个列车向莫斯科郊外转移。

但有一条，这撤出去的总参谋部第二梯队，仍必须与大本营继续保持牢固可靠的经常联系。

由华西列夫斯基领导的总参谋部第一梯队，当时人们都习惯地把它称为

作战参谋小组。它的任务就是直接为大本营服务。

雨季到了，秋雨是严寒和冰雪的前奏。身穿夏装的德军士兵要在苏俄的首都过一个"舒服"的寒冬了。

德制坦克走不多远就要陷入泥潭之内，简直无法前进。后面的炮车和运输车辆也全都陷在田野里更深的泥潭中，丝毫动弹不得，连弹药和粮秣都送不上来。德国指挥官无可奈何，只得下令全线停止前进以待大地封冻。

这时，苏军那体积庞大的远远出乎德国士兵意料的宽履带坦克群，像一群发了疯的巨型怪兽，猛烈地向德军停止进击的前线紧逼过来。

德军的猛烈进攻被雨季的泥泞和苏军的重型坦克暂时止住了，其突击集团先锋部队的前出部分遭到了很大的损失。即使某些地段的德军仍在顽强地、一步一步地向前推进，但进攻的速度显然大大减弱。

在南面主攻的古德里安部队，也在距图拉还有3千米的地方停顿下来。原来，他们企图一举攻下图拉，然后从背后或侧翼包围莫斯科，以便由此率先攻入苏联首都。但是，他们过去在各个战场曾经一往无前的巨大坦克群也陷入了进退不得的泥潭之中。

华西列夫斯基从作战参谋小组获悉这一情报后，当即打电话向斯大林报告喜讯。

此时，苏军最高统帅部内有人提出进行反攻的建议。斯大林询问华西列夫斯基的意见时，这位沉着稳健的将军表示不好。因为，根据当时他领导的作战参谋小组的判断，德军近期还要展开新的攻势，这说明他们还有力量。

至11月底，德军的进攻力已渐告竭，这正是由于气候条件、德军战线的拉长及苏军的顽强抵抗等多种因素造成的。

总参谋部这时便提示大本营说：现在我军转入反攻的时机似乎差不多了。最高统帅部大本营和国防委员会也坚信此点无疑。经研究，最后把发起对德军反攻的日期定在12月5日至6日。这时，希特勒的司令部还没有正式下令停止进攻，但实际上各个方向上的德军进攻已经基本停止。

恰在此际，沙波什尼科夫总参谋长病倒了。于是，斯大林要求华西列夫

斯基立即出任代理总参谋长一职。

此后，华西列夫斯基与斯大林等大本营成员一起，具体制订、筹划并直接领导了这场莫斯科城下的反攻。这是苏德战争爆发以来，苏军所进行的第一次大规模的反击德军的行动。

对于这次反攻行动，苏军最高指挥中枢自信可以成功。这可以从下面一点得到证实和证明：12月15日，即在反攻开始后的第十天，苏共中央就作出了把原来迁出莫斯科的党、政、军机关迁回的决定。而原来迁出的总参谋部第二梯队，早在11月下旬就已迁回莫斯科，以便立即投入反攻的准备工作。

反攻计划编制完成后，身为代理总参谋长的华西列夫斯基在12月4日便亲自前往加里宁方面军司令部。

在那里，他当面向该方面军总司令科涅夫传达大本营关于转入反攻的最后指示，并在那里作为大本营代表协调该方面军不折不扣地执行反攻命令。

何以需要如此这般呢？原来，在12月1日凌晨3时30分，他和斯大林两人曾亲自签署了一道命令，要求科涅夫的加里宁方面军不要在自己所辖的地域内另外组织任何局部反攻，而应把主力用在配合朱可夫的西方方面军的反突击进攻上面。但随后科涅夫即打电话给华西列夫斯基，借口缺乏坦克和兵力不足，不想采取支援西方方面军的行动，仍想单独进行一次进攻加里宁的局部战役。

最后，在华西列夫斯基答应他增加兵力支援的情况下，科涅夫才勉强放弃了自己原来的主张。尽管如此，斯大林仍不放心，于是便派华西列夫斯基亲自来到这里。

经过莫斯科保卫战这场空前的激烈角逐，苏军很多高级指挥人员经受了锻炼，他们更多地掌握了现代化战争条件下一系列军事战略技巧与军事指挥艺术。

华西列夫斯基在协助最高统帅部大本营筹划、指挥这次会战中，学到了许多实战军事技能，并在这次著名战役中成长为苏军高级将领。对于他的卓有成效的工作和献身祖国的精神，苏联国防委员会和最高统帅部给予了高度

的赞誉，同时也给了他以应有的实际地位和待遇。

1942年4月中旬，华西列夫斯基作为大本营代表，被最高统帅部派往西北方面军工作去了。按当时1942年春季和夏初苏军作战计划的规定，在西北方向上还有一个所谓的局部战役。它要求西北方面军和加里宁方面军协同动作，将已经陷入苏军合围的法西斯杰缅斯克集团就地聚歼。

华西列夫斯基此行的任务，就是协助该方面军首长做好这次战役的具体筹划和指挥。他在这里一直工作至5月8日。

正当他们准备实际实施这一聚歼行动时，忽然接到最高统帅部大本营的一道命令，要求华西列夫斯基尽快赶回莫斯科。原来，是总参谋长沙波什尼科夫心脏病突发不能照常工作，总参谋部的工作又须臾不可离人主持。于是，从5月11日起，华西列夫斯基便第二次受命代理总参谋长一职。

稍后，病愈并逐渐恢复健康的沙波什尼科夫向最高统帅部提出，由于自己年龄和健康的原因，最好辞去总参谋长之职，而去某所军事院校担任一些身体能够承受的较轻松的职务。而且，他还正式提议总参谋长一职的继任人选，他认为华西列夫斯基是最合适的了。因为，这位被推荐者不仅素质和能力方面无可挑剔，其忠诚、干练、机敏及沉着多思，都可以说是一流的人才。

此外，在资历上也说得过去，华西列夫斯基于1942年4月26日始获上将军衔的。斯大林当即表示可以考虑他的建议和要求，只是关于华西列夫斯基继任问题，必须得到苏共（布）中央政治局和国防委员会的批准方可。

6月24日，经研究，苏共（布）中央政治局和国防委员会决定：任命亚历山大·米哈伊洛维奇·华西列夫斯基上将为苏联红军总参谋部总参谋长。

在一定的意义上，对华西列夫斯基来说，此番出任苏军总参谋长很有点儿临危受命的味道。当然，这是从此间苏军战场所面临的诸种严重局势这个角度来说的。因为，在他上任还不到一周，苏军战场的各个方向就开始出现一系列重大失利，随之而来就是整个春季和夏季的形势逆转……

第一桩就是克里米亚战场上形势日益复杂和日趋恶化。

　　一波未平，一波又起。接踵而来的就是西南方向铁木辛哥元帅领导的哈尔科夫附近进攻的惨重失败。由此，还严重地累及勃良斯克方面军左翼的安全，以致整个西南战场的局势迅速恶化起来。

　　5月中旬，德军的突击力量仍在不断地增加，各种坦克集群和摩托化步兵师越来越多地蜂拥到苏军侧翼。估计，很快将严重威胁到第九和第五十七集团军的后方。尤其糟糕的是，当时铁木辛哥不仅未认识到这种危险，反而仍然顾前不顾后地坚持他的向前进攻方针。

　　当晚，华西列夫斯基打电话给他的老同事、第五十七集团军参谋长阿尼索夫，后者向他如实地报告了前线的真实危局。由此，华西列夫斯基断定，德军业已展开的这个进攻很可能就是其大规模春季进攻的前奏。

　　显然，敌人是想先清除巴尔文科沃突出部，然后全歼苏军西南和南方两个方面军。这种分析如果成立，那么后果将不堪设想。因此，他认为，只有立即停止铁木辛哥集团向哈尔科夫的进攻，并将原用来突击的部分兵力调转头，以解除对第九和第五十七两集团军的威胁。因为在该地区根本没有任何预备队部署，也没有其他可供调用的苏军部队。

　　打定主意后，华西列夫斯基立即向最高统帅做了汇报，并如实谈出自己

战斗中的士兵 ▼

的这番打算。

不料，斯大林却不愿意改变自己的主意。当他与铁木辛哥通话后，后者也没有表现出多么的不安，并且提出，只要再给他增派1个师的预备队，仍然坚持既定方向进攻便绝无问题。所以，他放下电话对华西列夫斯基说："铁木辛哥元帅正在采取的措施完全能够击退敌人对南方方面军的突进，所以西南方面军仍将继续进攻。"

1942年5月18日，形势继续恶化，华西列夫斯基非常着急。他再次找到斯大林，建议必须立即停止哈尔科夫方向的进攻，将西南方面军的突击集团转向南面抗击敌人。

这次斯大林走到电台旁，要求西南方面军军事委员会对现时情况作出判断。铁木辛哥元帅再次做出了令人放心的保证。晚上，斯大林又就这个问题与西南方面军军事委员赫鲁晓夫通话，后者也报告说，尽管克莱斯特集团的威胁在增大，但没有理由终止正在进行的进攻。

这样，进攻便仍然继续。华西列夫斯基心急如焚，却一筹莫展：眼看一昼夜的时间又失掉了，怎么才能说服最高统帅呢？

情况一个小时比一个小时严重。至5月19日下午，德军在巴尔文科沃突出部合围苏军的威胁已相当明显了。只是在这时，铁木辛哥才下令停止哈尔科夫战役，调转突击部队对付正在形成合围之势的克莱斯特集团。

但是，为时已晚。由于各部队在夜间才开始执行命令，极为宝贵的时间再次损失了。及至翌日拂晓及以后的几天中，德军的强大坦克突击集群已经重创苏军第九集团军，并将其赶过了顿涅茨克河。

随后，敌人迅猛突入第六和第五十七集团军及博布金将军集群的后方，很快就合围了这些部队。

至5月23日，第六、第五十七、第九集团军的部分部队、博布金所部完全陷入德军重兵合围之中。

经过一个半月的苦斗，只有很少一部分突围出去了，绝大多数都无法冲出重围。在给德军以大量杀伤后，苏军大部战死，余者全都被俘。

在战斗中壮烈牺牲的有苏联红军西南方面军副司令员科斯坚科中将、第五十七集团军司令员波德拉斯中将、参谋长阿尼索夫少将、军事委员波品科大校、第五集团军司令员戈罗德扬尼斯基中将、军事委员弗拉索夫大校、集团军群司令博布金少将等一大批高级军官和士兵。

据有关史料提供的说法，此一役，苏军死伤及被俘者，总计达25万人之众，损失坦克600余辆，还有大量其他兵器。

总参谋部闻得这个消息，华西列夫斯基总参谋长不禁为之失声……

在克里姆林宫，斯大林也懊悔莫及。

然而，苏军西南战线的危机并未到此结束。铁木辛哥元帅调转回师的突击集团也遭到德军的顽强阻击，在经受巨大损失后，被迫退到奥斯科尔河地带固守。

6月28日，得势猖狂的德军的巨大进攻真正开始，这就是他们的夏季攻势。德军从库斯克到罗斯托夫的广阔战场上，分两路猛烈突击，其中一路就是保卢斯指挥的最强大的第六集团军，其直指方向正是原西南方面军与勃良斯克方面军之间的薄弱结合部。

该部德军依靠其强大的坦克集群，横冲直撞，直取前方。这里，是数百里一望平川的草原，没有那些曾把它阻挡于莫斯科城前的大片森林，没有高山，没有丘陵，没有沟壑。

坦克集群旋风般向前驱驰，扬起了20千米之内都清晰可见的蔽天尘埃。它们疯狂地驶过无数的城镇和乡村，所留下的仅是死神光临的痕迹。

至7月2日，勃良斯克方面军所在的沃罗涅日地域局势也日益严重恶化。德军两天内即疾进80千米，而且推进的势头仍未见减弱。苏军这一方向上的所有预备队都使用上了，但仍止不住德军的强大攻势。

为了阻止德军占领沃罗涅日这一重要城市，最高统帅部决定，再增加两个诸兵种合成集团军交给勃良斯克方面军指挥，同时又把强大的坦克第五集团军也拨给该方面军，并派华西列夫斯基亲临前线，负责这里剧烈战斗的协调和指挥。

　　不久，由于南方方向也出现了麻烦，华西列夫斯基又被紧急召回大本营。

　　就这样，在这段极为紧张艰难的日子里，华西列夫斯基作为新上任的总参谋长和大本营代表，总是在最高统帅部和前方战场之间被扯来扯去，疲于奔命。

　　在这危急时刻，华西列夫斯基作为大本营代表于7月23日到达前线。他是受最高统帅部的命令前去与斯大林格勒方面军首长共同应付这一难题的。

　　此前不久，最高统帅部已经把大本营预备队方面军中几乎所有部队都编入了该方面军。除了尚未准备就绪的坦克第一集团军和第四集团军外，大本营在这一地区已没有任何可供使用的预备队了。

　　经与斯大林格勒方面军司令戈尔多夫中将商量，华西列夫斯基认为，现在唯一的办法就是使用这两支正在组建中的坦克集团军。但是，经过联系才得知，坦克第四集团军至少需要两昼夜的时间才能赶到。

◆ 坦克

当时，前线形势根本不允许坐等这么久。在这种情况下，华西列夫斯基当机立断，决定只派坦克第一集团军单独对德军实施反突击。

华西列夫斯基想，对现在来说，时间是最宝贵的。如果延误或错过这段时间，德军就可能渡过顿河，并在河的右岸建立起可以固守的阵地。到那时，再想把德军赶回来，恐怕是非常困难的了。

结果证明，华西列夫斯基的决断是正确的。当7月25日苏坦克第一集团军发起反突击后，德军的阵地果然被冲乱了。他们万万也没有想到，在这时苏军还有预备队可以使用，而且又是如此迅速地突到了自己的后方。

于是，德军被迫转入防御态势。不久，奉命开到这里的苏坦克第四集团军也从另一个方向加入了对德军的突击，这更使保卢斯大惑不解：怎么又出现了新的苏军坦克集群；元首和统帅部提供的情报不是说这个方向上苏军再也没有预备队可以使用了吗？

无奈之下，德军只好暂时退却，退出了他们要夺取的斯大林格勒方向。

华西列夫斯基急中生智安排的这次反突击行动，虽然未能一举消灭德军，但它却打破了保卢斯集团企图围歼第六十二集团军的计划。

更重要的是，它打乱了德军的行动计划，使其失去了迅速进攻的能力和机会。其一鼓作气夺取顿河渡口、并前出到斯大林格勒附近地区的既定计划落空了。这样，希特勒原以为完全可能的令该集团军在急速奔进中一举攻下斯大林格勒的最终战略追求，也随之化作了永远不能实现的泡影。

至8月上旬，希特勒决定同时从南北两个方向发起新的一轮攻势。其计划为：由第六集团军从西北面自上布齐诺夫卡发动进攻；由坦克第四集团军从南面自阿勃加涅罗沃地区发动进攻。双方进攻务求向心态势，以便一举攻占斯大林格勒。

苏军最高统帅部大本营和总参谋部是从一位前线侦察员的报告中获知德军新的大规模进攻情况的。

据该侦察员提供的情报，原先在巴甫洛夫斯克至韦申斯卡亚地段担任防御任务的德第六集团军，已被意大利第八集团军替换下来，集中到斯大林格

勒方向去了。

　　经过分析，总参谋部认为，德军的这种调防肯定不是正常的举动，这说明第六集团军另有新的更重要的任务。什么任务呢？再明显不过了，它只能是被用来对斯大林格勒进行突击进攻。因为，该集团军是这个方向上德军最强大的部队。

　　8月5日，为了对付敌军随时都可能发动的新的大规模进攻，最高统帅部大本营决定把斯大林格勒方面军一分为二，即改组为两个方面军——东南方面军和斯大林格勒方面军。

　　所以做出这样的安排，在当时也还有另外的实际考虑。这就是，随着8月上半月连续未断的激战，原斯大林格勒方面军的战线已经延伸至800千米之长，这使该方面军首长越来越不适应指挥和组织这么多军队的战斗行动。因为，当时这些军队不得不在两个互相分离的方向上作战。

　　当然，也有原方面军首长不称职的问题，这个问题在以后也是存在的。基于此种原因，在未做人事调整前，8月13日，大本营又决定：将斯大林格勒方面军拨归东南方面军节制；两方面军的最终指挥权，由派往这里的大本营代表华西列夫斯基负责协调和领导。

　　8月19日，德军第六集团军和坦克第四集团军按预定计划开始了对斯大林格勒的第一次直接进攻。

　　保卢斯和霍特这两个法西斯恶魔，简直是倾其所有地把强大的快速集群从南北两个方向推向斯大林格勒城郊。先是保卢斯集团从卡拉奇方向突破了苏军的防御，并在23日把部队前出到了斯大林格勒以北的伏尔加河一线。随后霍特集团也从城南楔入苏军防线，并使其所部前锋前出到了京古塔车站。至此，斯大林格勒的形势开始呈现危局。

　　此间，作为大本营代表的华西列夫斯基一直在东南方面军司令部。当随后德军飞机对斯大林格勒肆无忌惮地实施空中轰炸时，他曾目睹了这座英雄的城市变成废墟的全过程。

　　一度，华西列夫斯基与总参谋部、最高统帅部的电报电话联系全部中

断，他不得不在指挥观察所内用无线电拼命地喊话。

电话联系接通后，斯大林给他和前线的两个方面军首长发来了指示：不惜一切代价阻击敌人，誓死保住城市。

8月25日，华西列夫斯基再次接到斯大林的命令要求他立即赶到北郊附近的一个屯兵场去，并领导那里刚刚开来的部队进行突击敌人的准备工作。

稍后，刚刚被任命为最高副统帅的朱可夫元帅也赶到了那里，他是斯大林派来接替华西列夫斯基并领导整个斯大林格勒地区苏军作战的。

因为，总参谋部和最高统帅部大本营非常需要华西列夫斯基这颗"智多星"；而在具体指挥作战方面，斯大林似乎又认为朱可夫要比参谋出身的华西列夫斯基强些。

1942年9月1日，华西列夫斯基奉命离开前线，他下飞机后便直接到克里姆林宫斯大林办公室向最高统帅作战场局势汇报。

可是，在他离开后这段时间里，前线的战斗更加残酷，更加激烈。有着优势兵器和兵力的德军已经攻破了斯大林格勒城垣，其中一部分坦克部队已与守城的苏联军民拉开了巷战的序幕。

9月上旬，斯大林把副最高统帅朱可夫和总参谋长华西列夫斯基叫到他的办公室。他找他们来，主要是想听听两位对当前斯大林格勒前线战局的分析和预测，商量如何摆脱各部队当前的困境，以及怎样才能解决掉德军保卢斯第六集团军与霍特坦克第四集团军，并最后夺取斯大林格勒战役的最终胜利问题。

应该说，朱可夫和华西列夫斯基是斯大林在卫国战争时期的左膀右臂，是斯大林最为信任和赏识的两员猛将。在斯大林看来，朱可夫有足够的军事指挥天才，而华西列夫斯基则是无与伦比的军事智囊。他们共同的特点是沉着机敏，有决断能力，尤其富有军事创造才能。

9月底，最高统帅部大本营决定，关于进攻的准备工作，在西南方面军和顿河方面军，由最高副统帅朱可夫领导；在斯大林格勒方面军，由总参谋长华西列夫斯基领导。随后，他们两位便各自赶到自己所在部队去。

159

11月13日，华西列夫斯基代表总参谋部向苏共（布）中央政治局和大本营报告了经过核实的"乌兰"进攻计划。

战役进攻发起前，华西列夫斯基与朱可夫又向斯大林提出了一项新建议：为了不使希特勒和德国统帅部在斯大林格勒战役危急时刻从维亚兹马以北地区抽调部队来增援敌"南部"集团军群，苏军必须在维亚兹马以北的莫斯科中央方向发起一次迅猛的诱攻性战役，顺便也好一举吃掉一直威胁首都的尔热夫突出部地域的德军。

斯大林对此也十分感兴趣，他很快就同意了这个建议，并要求他俩中派出一人来负责这个诱攻任务。最后，朱可夫被派到了那里，因为他此前曾担任过西方方面军司令。

这样，华西列夫斯基便成了南部战线斯大林格勒地域战斗的总负责人。随后，朱可夫便奉命去了西线，而华西列夫斯基则直接到了斯大林格勒前线。

由于担任此次战役突击任务的西南方面军把司令部设在了绥拉菲莫维奇市。为了方便协调指挥，总参谋部便在这里也给华西列夫斯基准备了一个协调三军（西南方面军、顿河方面军和斯大林格勒方面军）的指挥所。

11月17日，华西列夫斯基经过战前巡回检查，正准备于当天搬到自己的前线指挥所去。恰在这时，他突然又接到斯大林的电话指示，要他必须在18日到莫斯科讨论问题，具体什么问题没做任何透露。

第二天，华西列夫斯基如约来到克里姆林宫，斯大林和全体国防委员正在那里开会。斯大林立即接待了他，并把一封信交给他，请他仔细加以研读。说完，斯大林便回自己的办公室继续开会去了。

在一间被指定只有他一人才能进出的房间里，华西列夫斯基急忙地展开了这封信。及读毕，确实令他大吃一惊，并且很有点丈二和尚摸不着头脑的样子。

原来，写这封信的人，正是在即将开始的斯大林格勒战役中担负重要突击进攻任务的机械化第四军军长沃利斯基。这封信是他不久前写给国防委员

会的，内容是请求推迟或干脆取消马上就要进行的这次战役。

这位军长在信中写道：鉴于进攻开始前敌我兵力和兵器的对比情况，拟议中的斯大林格勒战役的进攻不仅不会成功，而且必定遭到带来一切严重后果的惨败。

因此，作为一名忠实的共产党员，并代表参加这次进攻的其他负责干部，请求国防委员会立即详细地检查就实施这次战役所作出的决定是否现实，请求推迟这次战役，或者完全取消这次战役。

华西列夫斯基把这封信一连看了两遍，越看越觉得不可思议。他大大地感到惊讶，也极困惑。

他对写信人虽不很熟悉，但还是了解的。最近几周，这位军长一直在参加战役的准备工作。不论对整个战役，还是交给他负责的该军任务，他一次都未表示过异议。

更何况，在前不久的那次

苏联领导人斯大林（蜡像）

总结会议上，他还当面向大本营代表和方面军军事委员会保证，他的军将坚决完成任务，并讲了自己军的充分战斗力及全体官兵的高昂士气。

斯大林要他急匆匆地赶回来，就是因为国防委员会要在这个问题上听听他的看法。一则，他认识并了解这位写信人；再者，这位军长就在他负责协调指挥的部队中，而且战役马上就要开始。

当然，华西列夫斯基是不同意这封信的分析的，他当时就把这一看法告诉了斯大林和国防委员会委员们。

当时，斯大林当着华西列夫斯基的面就给沃利斯基军长挂了一个电话，在简短的谈话中，最高统帅并没有严厉地批评这位军长。然后，他对华西列夫斯基说，他的意见是还把写信人留在军里，因为后者刚刚还表示过一定完成上级交给他们军的任务。关于他是否还担任该军军长的问题，要按该军的行动结果再做最后决定。

但是，关于该军及写信者本人在战役头几天的作战表现，他命令华西列夫斯基必须向他提出专门报告。

11月19日清晨，华西列夫斯基就回到谢拉菲莫维奇的指挥所里。这时，进攻已经开始了。

虽然早晨的浓雾和飞雪使突击发起时根本不能使用强击航空兵实施先期轰炸，但各方向的突击集群仍然进展较快。西南方面军的主攻突击很快就粉碎了罗马尼亚军队的防线，一天之内就向前推进了20多千米。有些集团军则挺进到了30千米至35千米的纵深。同样，斯大林格勒方面军的突击行动，也没有更多地受到恶劣天气的影响，他们照样取得了辉煌的战果。

特别是沃利斯基指挥的机械化第四军，表现得更加卓越而勇敢。他在第一天之内也率部前进了20多千米，成绩非凡。在当天晚上向最高统帅的汇报中，华西列夫斯基特别遵嘱谈到了该军的无畏行动。

至此，斯大林心里才像一块石头落了地，自然，华西列夫斯基也为之大大地松了一口气。

23日，按"乌兰"计划的预定时间，西南方面军和斯大林格勒方面军的

突击集群，在顿河方面军右翼的积极支援下，像两把锋利的钢刀，巧妙而适时地实施了对卡拉奇方向的向心突击，从而完成了对斯大林格勒地域德军第六集团军和坦克第四集团军的合围。

这是自苏德战争爆发以来德国法西斯军队所遭到的第一次大合围。

当晚，华西列夫斯基在自己的指挥所内分别给他调度下的三个方面军首长通话，讨论战役形势并拟定了下一步最适当的行动计划。随即，他又把他们的想法和建议直接报告了斯大林。

很快，最高统帅部就复电华西列夫斯基，表示同意他们的建议和下一步部署。

11月24日晨，各方面军所属部队开始按照既定部署向合围圈内的敌军发起攻势。然而，这次攻势未达成预期目的，相反在各个方向都遭到了强大敌军集群的反冲击。

原来，根据最新的敌情分析，苏军前线总指挥机关才知道，他们从行进间消灭被合围敌军的计划所依据的对敌兵力的估计出现了严重差错：当初，他们认为敌保卢斯指挥的集群只有9万人，可是实际这时却有30万人。所差之多，实在令人为之咋舌。

之所以造成如此严重的误差，是因为他们没有把敌第六集团军和坦克第四集团军在进攻和防御中补充得到的兵力算进去，也未估计到合围圈内大量的特种部队和其他辅助部队，这些部队的官兵则多数补进了作战部队。

12月初，经过准备和调整，苏军又对该部敌军组织了一次分割性突击消灭的作战，但仍无显著战果，德军对合围他们的苏军仍然不断进行着远不是没有活力的反冲击。

了解到这种局面后，斯大林非常着急。在12月4日的电报命令中，他批评了华西列夫斯基在最近的第二次突击进攻中的错误。

华西列夫斯基接到最高统帅的电令后，感到很懊悔。他知道，最高统帅所批评的这些全是确实存在的。当然，话说回来，最主要的问题还不在这里，而是苏军自身的力量不够。这也说明，敌军虽已被围，但力量还是相当

强大的。更何况，困兽之斗，是会更加凶猛和不遗余力的。

稍后，更严重的情况发生了。据侦察部门侦知，希特勒和德国统帅部为了给遭到合围的保卢斯集团和霍特集团解围，恢复他们在斯大林格勒地域的原态势，已在这个战线的东南地段建立了以德军前副总参谋长曼施坦因元帅为首的顿河集团军群，所有南线的德军，包括被合围的上述两德军集团，统一由他负责指挥。

华西列夫斯基还获悉，为了实施解围战役，曼施坦因建立起两个新的突击集团：一个在科捷利尼科沃地域，另一个在托尔莫辛地域。

华西列夫斯基立即将这一最新战局变化报告给最高统帅部大本营，并提出从大本营预备队中抽调实力雄厚的马利诺夫斯基中将指挥的近卫第二集团军和其他部队前来支援，拨归顿河方面军指挥。

随后，大本营又决定成立由波波夫中将指挥的突击第五集团军，使之以

◆ 二战时苏军士兵的装扮

最快速度在西南方面军的坦克第五集团军和斯大林格勒方面军的第五十一集团军之间展开。按命令，该集团军归斯大林格勒方面军指挥。

至1942年12月10日左右，曼施坦因麾下的德军顿河集团军群已经占领了从维申斯卡亚到马内奇河的正面。

在它现编成的大约30个师中，有17个师横在了苏西南方面军正面；另外13个师则与斯大林格勒方面军的突击第五集团军和第五十一集团军相对峙。其中仅在苏军第五十一集团军对面就有10个师之众的强大德军部队。

这样，两军目前的敌我力量对比是相当悬殊的：德军76000人、坦克500辆、火炮和迫击炮340门；苏军只有34000万人、坦克77辆、火炮和迫击炮147门。由此可见苏军第五十一集团军处境之艰难。

12月13日，苏军最高统帅部大本营终于批准了华西列夫斯基的请求，决定把马利诺夫斯基的近卫第二集团军由顿河方面军划归斯大林格勒方面军指挥，并决定暂时放弃原来拟议中的"土星"战役。

原先，经华西列夫斯基等建议，西南方面军和沃罗涅日方面军一部的突击进攻方向是径直向南，直取罗斯托夫地域，目的是廓清合围圈外的德军。后因德军曼施坦因顿河集团军群建立，华西列夫斯基又建议改变该战役，而用这两部强大苏军来抗击曼施坦因集群；待西南方面军和沃罗涅日方面军消灭顿河中游的意大利集团军后，挥师东南，向莫罗佐夫斯克和托尔莫辛方向突击，即前出到敌曼施坦因集团军群的后方。

同时，斯大林还命令说，此后华西列夫斯基的任务便是负责解决敌曼施坦因的解围部队，而消灭合围圈内德军保卢斯和霍特集团的任务则由新派来的大本营代表、苏军炮兵主帅沃罗诺夫负

责。在工作中，沃罗诺夫应以华西列夫斯基的副手出现。

12月19日，德军曼施坦因集团军猛攻苏军第五十一集团军和突击第五集团军防线，防御正面被同时撕开了几道口子。战斗呈胶着状态，梅什科瓦河附近的许多居民点曾多次易手，原先白雪覆盖下的草原大地，两天后便全部化成焦土一片。

次日，苏军驰援的近卫第二集团军赶到，部队还没有全部展开，前锋就投入了钢铁大战与血肉厮杀。

敌人的进攻终于被击退了，草原上布满了血肉模糊的敌人尸体。近卫第三师在瓦西里耶夫卡与敌军的激烈交战中，虽然伤亡逾半，但终于守住了阵地。

华西列夫斯基事后回忆说："正是这些日子里在布满峡谷的叶尔根地带的战斗，决定了斯大林格勒会战的命运。"

至12月23日，虽然曼施坦因集群的另一路前锋部已经冲到了距被合围的保卢斯集团只有35千米至40千米的地域，但它却再也不能前进一步。他们确实时运不济，或者说是命运乖蹇，苏第五十一集团军和突击第五集团军的迅猛反突击，苏空军第八集团军令人胆寒的空中轰炸，终于给近卫第二集团军的展开赢得了不可缺少的宝贵时间。

待到该集团军全部展开之后，希特勒援救保卢斯集团的计划便破产了。因为，此后不久，该集团军和其他苏军部队便在这里展开了对曼施坦因集群的大规模反击。结果，曼施坦因连同他的企图全都失败了。

1943年1月8日，苏军向保卢斯集团发出了劝降书，答应给战败者以体面的待遇，包括供给足够的口粮，治疗伤员，允许军官保留自己的武器，并保证战后将他们全部遣送回国。

但是，正所谓困兽犹斗，保卢斯不肯放下武器。也许，他这时还在想着战役胜利后希特勒许诺给他的高级参谋或德国统帅部长官的军职呢。德军的所有抵抗和挣扎都变成了徒劳，特别在当前这种被困破城而又待援无望的情况下。

当苏军发起进攻并逐步缩小了合围圈时，也就是战斗到第十四天之后的时候，保卢斯向希特勒和德军统帅部发出了报告，其中说："溃败已经不可避免。我请求立即允许投降，以挽救残部生命。"但是，他的请求没被批准。而没有希特勒的批准，他保卢斯也好，其他军官也好，谁敢投降呢？这样，保卢斯和他麾下的将士们便不得不躲在城市各个角落的废墟和瓦砾之中。

冬日漫天的风雪也与他们作对，士兵们有的干脆放下了武器，他们用冻结的雪块艰难地积起道道雪墙。尽管如此，他们也被冻得一个个神志麻木地蜷缩在地上。至于吃的，开始还有面包，但定量是每天每人一片；15个士兵能分到1000克土豆。而饮水的唯一来源是融化积雪。罗马尼亚骑兵师所存不多的马匹，到头来竟被他们宰食一空。再到后来，他们不得不在废墟中捕捉狗猫和乌鸦来填充肚子。

1月30日，保卢斯成了苏军的俘虏。两天后，斯大林格勒会战结束了。

实施新的一轮
进攻战役

1943年，元旦刚过，斯大林的新命令到了。

华西列夫斯基被告知，他要近日动身去沃罗涅日方面军司令部。在那里，他仍以最高统帅部大本营代表的身份，负责准备与实施计划在顿河上游地区展开的一轮新的进攻战役。参加这次战役的，主要是沃罗涅日方面军、勃良斯克方面军和西南方面军。组织协调这三个方面军的协同行动，保障新的进攻战役的胜利完成，则是他的主要工作。

1943年2月16日，苏联最高苏维埃主席团发布了授予他"苏联元帅"这一最高军衔的决定。2月19日，华西列夫斯基突然接到斯大林的命令，要他立即赶回莫斯科。当天，华西列夫斯基便风尘仆仆地赶回。

见到斯大林后，他被告知说，大本营决定立即在莫斯科中央方向发起一次旨在消灭德军中央集团军群主力，并把战线向西大大推进的重大战役。

他的任务是，在这次战役中负责领导和协调西方方面军左翼部队以及勃良斯克方面军、中央方面军（即由原顿河方面军改称而来）、沃罗涅日方面军的作战行动。

华西列夫斯基还清楚地记得，在1月底2月初，斯大林曾为此征求过他的意见，同时也与很多方面军首长商量过。但那时还只是初步酝酿，想不到这么快就要实施了。他没有多说什么，只是表示服从最高统帅部的安排和调遣。

领受这项新使命后，华西列夫斯基又回到了沃罗涅日方面军司令部的所在地。就在苏联红军建军节刚刚过后，苏德战场南部战线的情况发生了出人意料的变化：希特勒法西斯军队正以一个新组建的集团军群向苏军发起迅猛

的进攻。

最先遭到德军攻击的部队正是瓦图京所部西南方面军，他们这时刚好发动经最高统帅批准的"跃进"战役而推进到了第聂伯河附近地域。随后，由于敌我力量对比悬殊，西南方面军开始了不得已的快速后撤。

然而，就像连锁反应一样，西南方面军右翼部队的迅速后撤给沃罗涅日方面军的左翼带来了严重的威胁。这样，先此返回大本营参加西线进攻战役计划编制工作的华西列夫斯基又被派回了沃罗涅日方面军，以应付随时可能出现的进一步危局。这时，时间恰在3月初。

果然，3月7日，德军开始了第二次大规模进攻。沃罗涅日方面军左翼部

二战时德军的火焰喷射器 ▼

队经过顽强英勇的抵抗，防线还是被敌军突破了，最后也不得不向哈尔科夫退却。

至3月15日，由于德军不断投入新的兵力和兵器，沃罗涅日方面军却得不到有力的援军支持，只好放弃了哈尔科夫。到3月18日，他们又丢掉了别尔哥罗德，一直退到了库尔斯克南面的奥博扬地域。

3月19日，最高副统帅朱可夫也被派到了这里，他与华西列夫斯基及各方面军首长经过研究部署，终于在沿北顿涅茨克河，经戈斯季谢沃—贝科夫卡—德米特里耶夫卡—红亚鲁加—克拉斯诺波里耶一线建立起了牢固的防御正面。

3月22日，华西列夫斯基奉命回到了大本营。他的任务就是与斯大林、朱可夫具体策划库尔斯克会战的举措。

从3月底到4月初，华西列夫斯基带着初步方案在国防委员会和大本营讨论了多次。他整天奔波于国防委员会—大本营—总参谋部之间，详细地审听每个参与讨论和决策的人的各种意见。

在这些意见中，有的同意总参谋部关于组织有计划防御的主张，有的则认为应该先敌发起进攻，通过强大的突击进攻来直接消灭敌人。

对所有这些意见，斯大林当时只是听，并未做出明确支持哪一方的表态。与此同时，华西列夫斯基还用电话与正在沃罗涅日方面军前线的副最高统帅朱可夫就这一问题做了广泛的讨论。

4月8日，朱可夫向最高统帅斯大林提交了一份详细的分析报告。该报告对敌军近期活动做了有根据的判断，其中也叙述了他对库尔斯克弧形地带行动计划的一些设想。

稍后，华西列夫斯基逐个打电话给各方面军司令部，要求各位高级首长再重新考虑一下敌情和我军的计划，并务必在4月12日前将明确意见报告给总参谋部。

对于瓦图京和罗科索夫斯基，他还亲自打电话对他们做了交代。未久，各方面军司令们的报告都送上来了，其中多数都同意总参谋部或朱可夫的意见。

4月10日，华西列夫斯基飞到了朱可夫所在的沃罗涅日方面军司令部。在这里，他俩再次详细地讨论了这次行动方案及关于战役战略预备队部署的意见。他们还就最高统帅部预备队的配置问题拟定了一道训令草案，以便届时一并呈送最高统帅过目。关于对即将展开的这次大规模作战行动，他们一致认为必须坚持原先那种"后发制人"的战略。

在整个战役的准备过程中，华西列夫斯基的绝大多数时间都是在前线各部队中度过的。

5月中旬，由于斯大林的指示，总参谋部又制订了一个名为"库图佐夫"的进攻性战役计划。它是为整个库尔斯克会战服务的，其任务是在会战进入反攻阶段前先行出击，以消灭战线西端的德军奥廖尔集团军，并相机夺取该城。参加这个战役的部队是勃良斯克方面军和中央、西方两方面军各一部。

随后，华西列夫斯基就为布置这次战役去了勃良斯克方面军驻地。在这里，他视察了各参战部队，并与该方面军司令波波夫一道逐个检查了各集团军的前沿防御情况。

6月10日，华西列夫斯基被召回莫斯科。根据大本营的指示，他最后被派到了沃罗涅日方面军。其任务是负责协调沃罗涅日和西南两个方面军的战役作战行动。与此相适应，朱可夫则被委派为负责中央、西方和勃良斯克三个方面军的作战协调工作。整个战役的协调者是最高统帅斯大林。

至此，苏军的一切准备工作全部就绪。

7月3日，战线仍极为平静。第二天的中午过后，还是没有任何情况。华西列夫斯基和沃罗涅日方面军首长处在焦急的等待之中。

大家彼此也不多说话，只是都不期然地盯着指挥所里的几部电话机：万一又有什么新消息呢？突然，16时，前沿防御阵地传来报告，大约有4个营的德军在20辆坦克和100多架飞机的掩护下，冲向我防御线，估计是前沿火力侦察，但很快就被击退。

据战斗中被俘的德军步兵第一六八师的一名士兵供认，他们每人分到了一份干粮和伏特加酒，为的是明日拂晓转入突击。

不久，这名俘虏被送到了司令部，华西列夫斯基与瓦图京又审了一遍，说法依旧。

于是，华西列夫斯基立即把这一最新事态报告了斯大林和在中央方面军的朱可夫。当即，总参谋部又把这一情况转告所有的前线各参战部队及梯次配置在纵深的预备队。

7月5日凌晨2时30分，沃罗涅日方面军实施了炮火和航空兵的反准备。库尔斯克弧形地带大会战就这样展开了。

8月23日，库尔斯克会战全部结束。法西斯德国军队被歼灭了30个精锐师，总计兵力50多万人，坦克1500多辆，作战飞机3500多架，火炮3000余

 德军士兵

门。这些惨重损失，使德军在整个苏德战场上完全转入了战略防御。

经过从1943年年初到8月底的战争考验，特别是七八月间在库尔斯克弧形地带与敌军的斗智斗勇，华西列夫斯基的自信心大增。

他一开始提出并一再坚持的对1943年夏战计划的设想，被战争的结果证明是正确的。

因此，他自豪地写道："我们学会了猜测敌人的意图。我们有钢铁的意志和坚毅的性格、自制力和沉着精神。这就使我们足以避免犯错误，避免过早地开始战斗行动，避免给敌人以可乘之机……总之，我们的统帅艺术显示出了创造性。"

华西列夫斯基在前线接到了最高统帅部下达的大本营训令：要求西南方面军立即向南实施主要突击，与南方方面军采取协同动作，争取一举消灭敌军顿巴斯集团。

南方方面军的主要任务是对斯大林诺实施突击，并在那里同西南方面军突击集团会师。华西列夫斯基的任务是负责领导和协调该两方面军之间的行动，并将它们的行动计划上报大本营审批。

8月12日凌晨，华西列夫斯基收到大本营发给他和朱可夫的训令，内容是他们已经知道的南线各方面军的作战任务。训令要求：

> 沃罗涅日方面军在截断敌哈尔科夫集团的退路后，立即在克列缅楚格附近强渡第聂伯河。草原方面军在攻克哈尔科夫后还应攻占克拉斯诺格勒，继而在第聂伯罗彼得罗夫斯克以北地域强渡第聂伯河。
>
> 西南方面军应迅速向第聂伯河推进，进抵扎波罗热地区，从而切断敌顿巴斯集团的退路。南方方面军的主要任务是突破德军"米乌斯防线"，进而占领第聂伯河下游广大地域。

8月16日，西南方面军右翼突击集团如期展开了进攻。西南方面军虽然有

173

些部队击破了敌军防御，但是最终没能突破成功。双方的伤亡都很大，整个战场上尸体成片。

原来，8月12日，德国统帅部发布了希特勒的第十号命令。命令要求他们那些经过库尔斯克附近苏军打击、业已精疲力竭而又无心恋战的部队，立即在第聂伯河以西地域筑起"东方壁垒"线，用以阻挡苏军乘势的追击作战。

现在，由于希特勒对他们下了死命令，这两个集团军便对西南方面军的进攻展开了顽强的抵抗。德军"南方"集团军群不断地给他们补充新的预备队和大量的技术兵器。

苏军在上述各个地域的受阻遭挫，使斯大林极为恼火。

18日晚，华西列夫斯基向斯大林作例行前线报告时，以自己的名义并代表方面军首长提出了新的建议：考虑到部队的隐蔽调动及部署、弹药准备等至少需要五六天，他请求允许在8月25日左右开始在新地段发起突击。斯大林批准了他们的新建议，进攻时间获准于8月27日开始。

22日，在布置好马利诺夫斯基西南方面军的突击准备工作后，华西列夫斯基便马不停蹄地飞到了科涅夫的草原方面军司令部。待到这里之后，他才获知草原方面军已经从两个方向包围了哈尔科夫。经与科涅夫研究，他们决定，立即派出快速部队加速对敌军的合围，并最好堵住敌人企图撤逃的铁路线。

但是，由于德军已经事先接到了上峰指示，因此在当晚就弃城向西南方向逃跑了。这样，第二天，草原方面军东部和北部的部队胜利地挺进到哈尔科夫。担负掩护撤逃任务的德军一部，全部成了苏军的俘虏。

解放哈尔科夫后，华西列夫斯基与随后赶来的朱可夫就前线战局交换了意见，并着重对草原和西南两方面军下一步的行动计划作了指示。是晚，华西列夫斯基又飞回了马利诺夫斯基的指挥部。

至8月30日，德军的"米乌斯防线"已经荡然无存，全线败退的敌军简直向飞蝗一样，回扑到了第聂伯河一线。当天，乌克兰南部重镇塔甘罗格获得解放。

至9月上旬，华西列夫斯基所统帅的西南和南方两方面军，已经解放了顿巴斯广大地区。铁路枢纽巴尔文科沃、钢铁工业中心马里乌波利以及斯大林诺、沃尔诺瓦哈等一批城市，相继获得解放。

9月18日，自春季以来始终置身前线的华西列夫斯基通过电话与最高统帅斯大林就下一步战役发展问题进行了充分的研究和讨论。

经过反复讨论，他们决定：西南方面军各部迅速突击并攻取第聂伯罗彼得罗夫斯克和扎波罗热，以便在最近强渡第聂伯河，夺取并固守住对岸的登陆场。

南方方面军各部突破莫洛奇纳亚河并摧毁敌军的防御，然后把敌人牢牢封锁在克里米亚半岛，并向第聂伯河下游挺进，在该地段实施强渡计划。

中央方面军和沃罗涅日方面军的任务是向基辅方向集中，进而解放这座被敌军占领长达两年之久的乌克兰首都。草原方面军则应向波尔塔瓦—克列缅楚格方向集中，夺取该两据点后直接进抵第聂伯河。

在西南方面军司令部，华西列夫斯基把他与最高统帅决定的战事安排告诉了马利诺夫斯基。随后，他们来到作战地图前，就西南方面军的下一步行动计划做了具体的安排。

经研究，他们决定，在第十二集团军和近卫第三集团军的结合部，调来实力更强而又骁勇善战的崔可夫近卫第八集团军，它将担任主攻第聂伯罗彼得罗夫斯克和扎波罗热的艰巨任务。

第二天，华西列夫斯基与马利诺夫斯基请来了崔可夫将军，当面给他下达了上述命令，同他共同研究了集团军的部署等一系列有关问题。

剩下的其他部署，华西列夫斯基交给了马利诺夫斯基去安排，他将立即动身去托尔布欣那里。

9月22日，华西列夫斯基飞到了南方方面军司令部。在这里，托尔布欣向他介绍了方面军的部署情况。

第二天，他们便直接来到前沿位置上的茨维塔耶夫的突击第五集团军和扎哈罗夫的近卫第二集团军。

希特勒下令死守莫洛奇纳亚河谷这道防御线，因此华西列夫斯基决定，除了上述两集团军的9个师外，再增派第四十四集团军的6个师、炮兵第二、第二十六两个师及近卫M-31火箭炮第十三旅和8个火箭炮团。突击时间定于9月26日开始。

10月2日，德军开始全线溃退，坚固的莫洛奇纳亚河防线已经不复存在。与此同时，左翼西南方面军所属的近卫第一集团军也已经前出到第聂伯河左岸，第六集团军的四个师已经在第聂伯罗彼得罗夫斯克以南地段强行渡过了第聂伯河。随后，第十二集团军也有两个师沿这里渡过了大河。

10月9日，经过战斗间歇补充后，南方方面军主力开始了旨在夺取美利托波尔城的攻坚战斗。该城是通往克里米亚半岛和第聂伯河下游地区的咽喉要地，因此德军准备誓死固守。10月13日，美利托波尔获得解放。

在南方方面军攻打美利托波尔的同时，西南方面军主力对第聂伯河下游突出部上的扎波罗热地域的进攻也开始了。除了担任主攻的崔可夫的近卫第八集团军外，左右两翼配合作战的分别是第三和第十二两个集团军。

10月1日拂晓，突击正式开始。但至11日，近卫第八集团军及其侧翼部队仍然未完成攻克扎波罗热的既定任务。

为此，华西列夫斯基指示马利诺夫斯基亲自到崔可夫的指挥所坐镇，研究是否可以利用夜战来达成进攻的突然性和有效性。后来，经多方研究论证，夜间突击的方案形成了。

13日21时50分，整个苏德战争史上最大规模的夜战行动，参加的有3个集团军、1个坦克军又1个机械化军开始进攻了。至14日，扎波罗热被夺回。

至此，整个第聂伯河会战胜利结束。

1943年12月中旬，华西列夫斯基自前方回到了莫斯科，参加研究1943年冬季战役计划会议。从1943年4月开始，他就不得不不停顿地反复奔波于前方各个战场，工作之紧张，任务之繁重，有时简直超过了他脑力和体能所能承受的最大极限。

在前线，他既要经常与最高统帅商讨全国战局的任何新变化及其特点，

为之提供战略总体设想甚至包括具体战役的构思，还要随时解答最高统帅或总参谋部提出的各种棘手问题；又要直接负责自己所在的南方战线各方面军的战役策划和军事行动的协调，甚至深入到各集团军参与实际部署或战前战后检查，解决每一个具体战役中不时冒出来的新问题。

会上，华西列夫斯基总结了前线各战场的作战情况和作战经验，分析了整个战局态势及其未来发展前景。

会后，斯大林特意宴请与会人员。当斯大林来到华西列夫斯基和朱可夫的身边祝酒时，两人立即站起来。

斯大林幽默而风趣地说："两位劳苦功高，何必起立呢？而不像我，整天在办公室里闲坐，所以才特别需要站起来走动走动呢。"一席话，大家都笑起来。

12月21日，华西列夫斯基离开莫斯科，又回到了乌克兰第三方面军和乌克兰第四方面军，即原来的西南方面军和南方方面军，以便根据大本营训令协调它们即将展开的新的进攻行动。

在苏军1943年冬季作战计划的第一阶段，正当朱可夫协调瓦图京和科涅夫两路大军勇猛进击、节节胜利的时候，华西列夫斯基在南端协调马利诺夫斯基和托尔布欣的乌克兰第三、第四两方面军进攻尼科波尔地域突出部的行动却连连受阻，进展缓慢。

至1944年2月底，进军第聂伯河右岸乌克兰地域战役的第一阶段宣告胜利完成。按照最高统帅部大本营的指示，乌克兰第一、第二和第三方面军继续向西挺进，在行进中分割德军"南部"集团军群和"A"集团军群，然后将其各个歼灭，并把战线推到苏联国境线附近。

乌克兰第四方面军则留驻克里米亚地峡地域，以彻底孤立和封锁克里米亚敌军，并准备实施进攻克里米亚半岛战役。

3月初，在华西列夫斯基的直接参与下，最高统帅部大本营和总参谋部制订了进攻乌克兰战役的第二阶段实施方案。

4月10日，也就是解放敖德萨的那一天，华西列夫斯基荣获了苏联最高苏

177

维埃主席团奖给他的一枚最高军事勋章——"胜利勋章"。

当时，获得此项殊荣的只有他和朱可夫。奖词是："由于出色地完成最高统帅部赋予的领导大规模战役的任务，从而在粉碎德国法西斯侵略者的事业中取得了辉煌的胜利。"

在最高苏维埃主席团发布这项荣誉命令之前，斯大林就首先在电话中向华西列夫斯基表示了祝贺，但最高统帅的贺词叫人听来总是那么沉甸甸的。

斯大林在电话里对华西列夫斯基说："华西列夫斯基元帅，让我祝贺您荣获苏联最高级别的军事勋章，我为您的成就感到高兴和自豪！但是，也需要请您知道，您受到奖励并不仅是由于顿巴斯和乌克兰的解放中有您的智慧和汗水，照我看，它还预示着克里米亚的解放也必须由您来负责。现在我就建议您把注意力转到这件事上来。同时，也不要忘记与您颇有感情的乌克兰第三方面军。"

克里米亚半岛位于苏联欧洲部分的南端，是连接欧洲和中东的重要海上通道，在它的南部海岸，与土耳其遥遥相对，西部则是罗马尼亚和保加利亚。

4月8日，乌克兰第四方面军打响了进攻克里米亚半岛的第一炮。战斗一开始，第五十一集团军迅速攻占了赞科伊，第二集团军攻破彼列科普防线。

此际，4月初因急驰敖德萨城下协助乌克兰第三方面军攻城的华西列夫斯基，奉斯大林电令于4月11日赶回了克里米亚前线。

来到托尔布欣的前线指挥所后，华西列夫斯基先听了托尔布欣关于部队进展的详细报告。因扎哈罗夫指挥的近卫第二集团军正在遭受敌军的顽强抵抗，于是，他与托尔布欣商定：

　　　　立即由坦克第十九军和步兵第二七九师、反坦克歼击炮第二十一旅组成一个快速集群，由坦克战车搭载步兵同时前进，迅速插入敌军防御后方，以尽快攻占辛菲罗波尔。

　　战斗至第三天，该快速集群就攻克了德军重兵把守的辛菲罗波尔城。随后，乌克兰第四方面军的其他部队也大踏步跟进，很多城镇和居民点先后获得解放。

　　这时，半岛上的大部分德军和罗马尼亚军队纷纷向塞瓦斯托波尔撤退，并在这里重新集结和组织兵力，企图依托坚固的城防工事负隅顽抗。

　　的确，塞瓦斯托波尔不愧为一座"堡垒城市"。德国军队在这里已经有了六道坚固的钢筋混凝土堑壕，此外还有密如蛛网的铁丝网，遍布四周的地雷区及许多令人摸不清具体位置的永备性暗堡。这一切，无疑都给苏军的进攻带来了极大的困难和障碍。

　　此间，华西列夫斯基和托尔布欣等指挥者曾多次对塞瓦斯托波尔组织过进攻，但都未能成功。

　　4月28日，华西列夫斯基制定了详细计划报告给最高统帅，并确定了实施进攻时间，即5月5日至7日。

　　5月10日，被希特勒法西斯宣传工具吹嘘为固若金汤的"堡垒城市"塞瓦斯托波尔终于又回到了苏军手中。

　　这几天，华西列夫斯基和托尔布欣一步也未离开过巴拉克拉瓦以北的濒海集团军指挥所。他们一方面时刻注视着前线各部队的进攻行动，随时为他们做战争导引和战略指挥；另一方面则不断把报告上来的战况向最高统帅部汇报，并随时等待最高

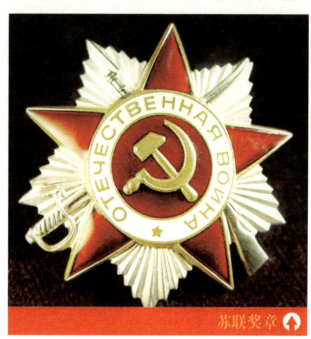

苏联奖章

179

统帅可能给他们发来的新指示。

在塞瓦斯托波尔被攻克的当天，华西列夫斯基决定到那里去看一看。在麦肯齐耶维山地区，他不幸被一枚残存的地雷炸伤。护送人员将他送往方面军司令部。再往后，他被飞机送往莫斯科。

在住院医疗期间，华西列夫斯基一刻也未停止对白俄罗斯战役计划的思考和运筹。用他自己的话说："这样一来，我就有'机会'再次考察总参谋部正在起草的白俄罗斯战役计划的细节。"

其实，当华西列夫斯基还在克里米亚前线紧张地部署攻打塞瓦斯托波尔要塞的进攻时，斯大林与朱可夫元帅，安东诺夫副总参谋长等就在莫斯科开始了1944年夏季作战计划的运筹帷幄。这次战役的代号叫"巴格拉季昂"。

5月20日，伤愈出院的华西列夫斯基第一次应召到斯大林的办公室，同时参加的还有朱可夫、安东诺夫和什捷缅科。他们这次是在最高范围内审定"巴格拉季昂"战役计划的细节问题。

以后几天，华西列夫斯基和朱可夫几乎全是在斯大林那里度过的。

其中第三天，还召集来了所有担任主要进攻方向的那四个方面军司令员，以及苏军各兵种领导人和总参谋部的部分人员，以便进行更加广泛深入的研究和讨论。

经过这次充分的讨论，总参谋部又负责对战役计划做了进一步的修正和明确，"其目的就是合围并消灭明斯克地域内敌中央集团军群的有生力量"。

5月30日，最高统帅和大本营最后批准了"巴格拉季昂"战役计划，并规定从6月19至20日开始执行。

关于这个计划的特点，华西列夫斯基曾有八个字的精彩概括："简单明了，大胆宏伟。"

就在"巴格拉季昂"战役计划被批准的当天，朱可夫去白俄罗斯第一和第二方面军，而华西列夫斯基则到白俄罗斯第三方面军和波罗的海沿岸第一方面军去。

5月30日夜间，斯大林、朱可夫、华西列夫斯基和安东诺夫四人再次聚到克里姆林宫斯大林的办公室。这是白俄罗斯战役前苏军正副最高统帅和正副总参谋长的最后一次聚会。研究并起草了给白俄罗斯各方面军的各个训令，关于立即投入准备白俄罗斯战役的指示和战役实施第一阶段的具体任务。

华西列夫斯基和朱可夫两人以大本营代表身份分别签署的给巴格拉米扬和切尔尼亚霍夫斯基、罗科索夫斯基和扎哈罗夫的训令也发了下去。他们要求这四位方面军司令员在他们到达部队之前，先行确定好完成战役准备和开始进攻的日期。

6月4日，华西列夫斯基由莫斯科出发，到了设在斯摩棱斯克州红城附近的森林中的白俄罗斯第三方面军司令部。在这里，他听取了切尔尼亚霍夫斯基关于白俄罗斯第三方面军战役计划及其实施准备工作方面的汇报。

6月8日，华西列夫斯基离开白俄罗斯第三方面军，带着随员到了巴格拉米扬大将的波罗的海沿岸第一方面军司令部。

在这里，华西列夫斯基先后听取了方面军司令、参谋长、各兵种首长和军事委员会委员关于战役准备过程以及战役的物资保障等方面的报告和说明。

在此后的几天中，华西列夫斯基一直在为铁路工作的缓慢而发愁。因为，一旦承担进攻任务的部队及其所需的物资和技术器材不能如期到达指定位置，任何周密的计划也等于白费。

而且，由于铁路运输的拖延，必将会使战役发起时间推迟，而这给高度集中起来的部队和大量技术兵器的隐蔽和伪装又会带来许多意想不到的困难。因此，他曾多次向斯大林打电话并递报告，要求最高统帅对此给予高度重视。

由于华西列夫斯基的一再催促，终于引起了最高统帅部的重视。后经斯大林亲自过问，交通人民委员会才改变了原运输计划。但是，这种修正已经太晚，以致最后不得不把进攻时间推迟至6月23日。

每当大战之前，都是华西列夫斯基最为繁忙的时候。作为苏军总参谋长，他要对所有的方面军和各集团军负责领导工作。

总参谋部和大本营还要为考虑其他方向的作战或下一步的战役规划征求他的意见，或干脆要求他主持这些工作。而作为派赴某一指定位置的大本营代表，他也丝毫不能因上述问题而推卸自己的责任。

6月19日，华西列夫斯基奉斯大林的命令，处理列宁格勒方面的问题。直至6月20日，他才回到前线。

1944年夏季，随着苏军在整个西部战线的迅猛推进，特别是白俄罗斯战役的巨大胜利及其战役规模的进一步扩大，最终消灭敌"北部"集团军群有生力量、解放波罗的海沿岸广大地区的条件成熟了。

这时，根据最高统帅大本营的命令，华西列夫斯基的工作又增加了协调波罗的海沿岸第二方面军行动的内容。这样，在整个北部地区作战的白俄罗斯第三方面军和波罗的海沿岸第一、第二方面军就全部由他来负责了。

在7月12日以前，华西列夫斯基不断地在波罗的海沿岸第一和第二方面军之间飞来飞去。作为大本营代表，他更关心的是这两支部队在具体部署和未来作战中的相互协调问题。待巴格拉米扬和叶廖缅科基本完成战役准备后，华前列夫斯基于12日晚回到了切尔尼亚霍夫斯基的白俄罗斯第三方面军。

这里正在进行合围德坦克第三集团军的激烈战斗。早些时候，白俄罗斯第三方面军已派出近卫坦克第五集团军和近卫第十一集团军从北南两侧绕到了维尔纽斯的后面。

随着合围圈内敌军被消灭，第三十一集团军攻克了利达。很快，维尔纽斯也被白俄罗斯第三方面军解放。更重要的是，由此，德军"中央"集团军群与"北部"集团军群的陆上联系终于被切断，德军坦克第三集团军被彻底地挡在立陶宛南部地区。

此后，华西列夫斯基与切尔尼亚霍夫斯基决定，白俄罗斯第三方面军主力部队立即向西挺进，占领整个从考纳斯到波罗的海沿岸的直线走廊，最终把攻击的矛头指向德国与立陶宛之间的边境线，以待下一步从这里直接进军东普鲁士的德军"狼穴"所在地。

1944年7月底至8月初，在整个波罗的海沿岸战场上，苏军的前沿战线已

经大大地向前延伸了。

按照最高统帅部的训令，华西列夫斯基的任务再次加重了。他不仅要负责协调白俄罗斯第三方面军和波罗的海沿岸第一、第二方面军的行动，而且还要指挥它们的战役作战。同样，朱可夫元帅在南部战线也得到了同样的指示。

新的使命，让华西列夫斯基更加感到了自己的任重道远。他清楚地知道，德国统帅部和前线德军都不会甘心波罗的海沿岸战线上这个"德军的缺口"的存在，他们肯定会不惜代价地派出部队来填充这一缺口，以恢复波罗的海沿岸地区与东普鲁士之间的陆上联系。因为这对他们来说是至关重要，甚至是性命攸关的。

鉴于此点，华西列夫斯基于8月2日晚将自己的分析报告给斯大林，并再次提出把近卫坦克第五集团军调入波罗的海沿岸第一方面军。他还提出，应把波罗的海沿岸第二方面军所属的突击第四集团军也划入该方面军建制。斯大林表示同意他的分析，也痛快地答应了他的请求。

第二天，安东诺夫就告诉他说，大本营和总参谋部已经做出了上述安排。

有了这些部队，华西列夫斯基便命令巴格拉米扬立即在米塔瓦至夏乌里亚一线严加部署波罗的海沿岸第一方面军的前沿和纵深，以便随时准备击退德军的反突击。此外，为了积极防御的需要，华西列夫斯基又指示波罗的海沿岸第二和第三两方面军立即对里加实施南北夹击作战。

果然不出所料，在此间获得的大量情报表明，敌军正在沿麦麦列河地域建立强大防御，那里已集中了7个步兵师，而且还有一个军队集团集结在里加以南的森林中，看样子可能是要从北面突击进攻米塔瓦。

同时，侦察部队还发现，在夏乌里亚以西地域还有大批敌军正在集结。据此，华西列夫斯基判断，敌人可能要从上述两个方向拔出苏军打在里加湾方面的楔子。

于是，华西列夫斯基与波罗的海沿岸第一方面军首长经过商量，并向最高统帅部请准，在这两个重要方向上布置了强大的防御措施，其中还安排了

近卫机械化第三军的反突击行动。

8月16日，德军的突击行动果然开始了。敌军同时以6个坦克师和1个摩托化师、2个坦克旅的强大兵力展开反攻，其中反攻的重点在米塔瓦附近。

结果，德军在夏乌里亚附近的突击被击退，而米塔瓦地域的突击却取得效果。虽然遇到英勇顽强的激烈抵抗，德军最后还是堵住了所谓的"缺口"地带，从而获得了一条宽约50千米，长达1000千米的防御地带，在它的南端，则经过日穆季直接可达东普鲁士边界。

此次作战，应该说是具有决定意义的，华西列夫斯基对这一点十分清楚。因此在准备实施战役计划时，他格外细心，也严格要求各方面军部队。

❖ 二战时的苏军坦克

9月11日，天公不作美，整个波罗的海沿岸地区忽然下起了暴雪。虽然气温还没有明显变冷，但雪粒和8级以上的大风也给人们的行动带来了极大的不便。

尽管如此，华西列夫斯基还是坚持在进攻前逐个方面军和集团军检查了一遍各部队。直至13日下午，他才风尘仆仆地从波罗的海沿岸第三方面军赶回他设在第一方面军的指挥所。

14日晨，整个波罗的海沿岸的三个方面军在暴风雪的呼啸里同时对德军发起了进攻。

17日，列宁格勒方面军也转入了进攻。一开始，德军没有想到苏军会在这种气候条件下实施突击。当猛烈的炮火倾泻过来，以及随后的坦克群冲到防御前沿时，德军次要方向的阵地立时大乱，伤亡损失十分严重。

但随后在第二天或第三天，就出现了有组织的抵抗。经过一周多的残酷战斗，苏军才推进了80千米，有些地段也就是60千米左右。

然而，在里加主要方向上，敌军在当天下午就稳住了战线。从第二天开始，德军曾数次组织反突击行动，战斗极为激烈。

17日上午，敌军以两个坦克师和一个摩托化师的强大兵力，向波罗的海沿岸第一方面军所属的近卫第六集团军正面实施了猛烈的反突击。近200辆坦克和自行火炮向该集团军的两个步兵师结合部猛冲。

由于反坦克武器的缺少和后援坦克部队没有到达，该部敌军曾一度突破苏军防线达四五千米。

只是在晚上，华西列夫斯基派去的坦克第一和第十九军赶到才制止住了敌人的前进。第二天，当敌人再度发起进攻时，近卫坦克第五集团军也插向了这个方向。这样，敌人的反突击被击败了。

然而，此后德军凭借深沟堑壕和坚固的筑垒地域，仍在拼死抵抗，致使苏军在这一主要方向上只能一口一口地咬着敌人的防御缓慢地向前推进。

恰在这时，大本营给华西列夫斯基和巴格拉米扬送来了敌军的最新情报。稍后，方面军侦察部队也印证了这一情报的准确性。这些情报说，在克

185

莱彼达州的德国坦克第三集团军地段上，敌人的兵力总数不超过8个师，其余的都被派往米塔瓦附近去营救那里的"北部"集团军群去了。

而且，种种迹象表明，敌军力图用一切办法保住其"北部"集团军群与东普鲁士的联系通道，以便在必要时将其部队全部撤离波罗的海沿岸地区。

说什么也不能让这部分敌军跑了。否则，这旷日持久的波罗的海沿岸地区的作战岂不要功败垂成？这是当时华西列夫斯基冒出来的第一个念头。

他与巴格拉米扬反复分析，权衡轻重，最后一致认定：宁可暂时放下里加附近的战役计划，也要先在南部海岸的美麦尔首先堵住德军"北部"集团军群的退路。这样，还正可以利用该地区敌坦克第三集团军的暂时弱势。

9月22日，华西列夫斯基立即把这一想法用电话告诉了斯大林，并要求大本营给他一定的战役准备时间。没想到，斯大林听了立即很高兴地表示赞同。

9月24日，最高统帅部正式训令到达，要求把进行这一战役的任务全部交给波罗的海沿岸第一方面军。

几天后，斯大林又打电话给华西列夫斯基和巴格拉米扬说，经他再三考虑，这一任务应以波罗的海沿岸第一和第二两个方面军来协力完成。此外，白俄罗斯第三方面军的第三十九集团军也应加入，它的任务是沿涅曼河进攻，以协助波罗的海沿岸第一方面军的行动。电话中，斯大林还批准了华西列夫斯基和巴格拉米扬提出的于10月5日发起战役的日期。

10月1日，华西列夫斯基又收到大本营训令，让他只负责和协调波罗的海沿岸第一方面军和白俄罗斯第三方面军的行动。

10月5日，美麦尔战役打响了。

就在这段时间里，华西列夫斯基再次在行车途中受到了意外的伤害。当然，这次不是碰到了地雷，而是一个冒失鬼司机迎面撞的。

那天，华西列夫斯基清晨从叶廖缅科的司令部到巴格拉米扬的指挥所去。当他的车子正常地在路面上奔驰时，突然前面飞驰过来一辆越野吉普车。

驾车的是一个年轻的军官，不知怎么回事儿，只见这辆车子直直地朝华西列夫斯基的小车迎面冲来，司机根本来不及拐弯或刹车。结果，华西列夫

斯基被甩出了车外。

原来，这名肇事的年轻上尉是一个前线的侦察连长。那天夜里，他刚刚出色地完成了一次责任重大的任务。他是要急着赶回部队去向上级首长报告。

华西列夫斯基原谅了他，并要求有关部门不能处分他。不多久，这名上尉光荣地获得了"苏联英雄"的称号。

亲临前线
指挥东普鲁士战役

在整个苏德战争期间，东普鲁士对法西斯德国有着极为重要的经济、政治和战略意义。

它是牢靠地掩护从波兰北部和立陶宛进入德国并由此通向德国中心地区的要冲。因此，在普鲁士境内和与它毗邻的波兰北部地区，法西斯在旧有的地堡基础上又构筑了一系列现代化的工事。

早在1944年11月间，苏军最高统帅部和总参谋部就开始酝酿东普鲁士战役计划，并曾试图以白俄罗斯第三方面军先行突入东普鲁士境内。

为此，华西列夫斯基被斯大林由波罗的海沿岸地区前线召回了莫斯科。但这次行动没有能够成功。后来，大本营只好重新策划，华西列夫斯基因战事紧急没有再回莫斯科，只是征求了他的意见。

当时，大本营和总参谋部考虑到，只有及早地粉碎这里的敌军集团，才能空出白俄罗斯第二方面军去增援白俄罗斯第一方面军正在准备中的柏林方向作战。而且，这也是事先消除该部敌军集团可能对柏林方向作战的苏军实施侧翼突击威胁的需要。

因此，还在华西列夫斯基没有完全脱离开波罗的海沿岸地区的前线事务时，东普鲁士战役便于1945年1月13日开始了它第一阶段的作战。在这一阶段中，华西列夫斯基的主要精力仍旧放在波罗的海沿岸地区围歼敌"库尔兰圈"的作战上。

至1945年2月初，由于斯大林和安东诺夫要去克里米亚半岛参加雅尔塔三国首脑会议，根据最高统帅部的命令，他被召回莫斯科以履行总参谋长和副

国防人民委员的职责，即代行大本营统筹全局，领导各个方向战场上对德军的进攻。

此后，波罗的海沿岸地区的苏军行动转入防御，具体协调工作转给了当时的列宁格勒方面军司令戈沃罗夫上将负责。

2月6日起，华西列夫斯基开始了东普鲁士战役第二阶段的实际部署工作。2月10日，东普鲁士战役第二阶段作战开始。

此间，东普鲁士的德军各集团已接到德国统帅部的命令，必须拼全力固守其现有防御地域，以便尽可能长久地把苏军牵制在这一地区，不使其转到柏林方向参加作战。此外，德国统帅还答应给在哥尼斯堡、皮拉乌海军基地及海尔斯贝格地域的部队以预备队补充。

鉴于此种严重情况，刚刚从克里米亚返回莫斯科的斯大林派华西列夫斯基去前线之前，他便直接向斯大林提出了解除自己苏军参谋长职务的请求。

斯大林最后说："让我再考虑一下吧，这也需要征求政治局和其他有关领导的意见。"

随后，他指示安东诺夫为华西列夫斯基起草了一份训令，即派他去领导白俄罗斯第三方面军和波罗的海沿岸第一方面军作战行动的命令。

见他收好了训令，斯大林又问道："您什么时候赴前线呢？"

"明天吧！"

"噢，照我看，您不必这么急。我建议您在家待两天，也去看看戏，休息休息。对了，在您离开前，也就是19日晚上，请再到我这儿来一趟。"

"好，我将按您的建议去做。"说完，华西列夫斯基走了。在他的印象中，这是斯大林第一次没有急急地催他奔赴前线。

然而，到了第二天，情况又发生了变化。当他真的来到莫斯科大剧院看戏时，正在演出过程中，他的副官说最高统帅要他立即去接电话。

在电话中，斯大林告诉了他一个不幸的消息：白俄罗斯第三方面军司令切尔尼亚霍夫斯基大将在梅尔扎克城地区因负重伤而牺牲了。

听到这个噩耗，华西列夫斯基特别感到震惊。

　　在电话中，斯大林还说，大本营准备派他去担任白俄罗斯第三方面军司令，问他有什么意见。华西列夫斯基当即表示愿意服从大本营新的安排。

　　2月19日，华西列夫斯基成为最高统帅部大本营成员。

　　2月20日，华西列夫斯基来到了白俄罗斯第三方面军司令部。第二天，他便开始着手对该方面军的全部领导工作。好在他与方面军军事委员及集团军一级的首长们早就十分熟悉。很快，他们便建立起良好的新型合作关系。

　　2月24日，波罗的海第一方面军划归白俄罗斯第三方面军领导。这样一来，白俄罗斯第三方面军兵力十分强大，但是它的突击力量是有限的。鉴此，华西列夫斯基认为，只有先暂时停止对敌泽姆兰德集团的11个师的主动战斗，而把主力用在消灭更大的敌19个师组成的海尔斯贝格集团上面。除此，方面军没有任何其他良策可行。经最高统帅部同意，粉碎敌海尔斯贝格

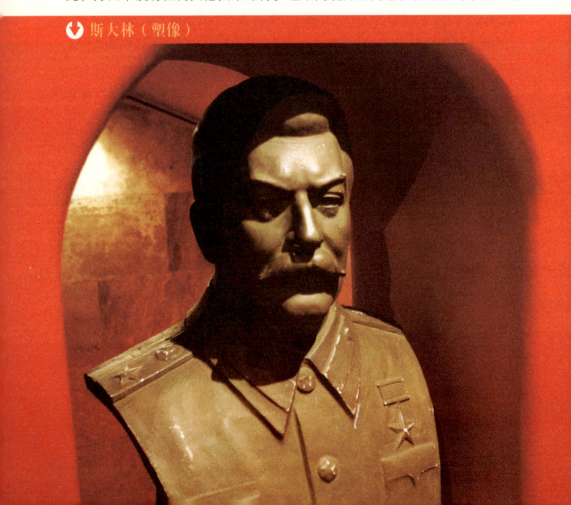

🔻 斯大林（塑像）

集团的战役准备必须在20天之内完成。

3月15日，分割聚歼敌海尔斯贝格集团的作战行动开始了。

一直在企图向南运动以突击向柏林方向前进的苏军侧翼的敌海尔斯贝格集团终于被彻底地解决。在消灭敌海尔斯贝格集团的同时，华西列夫斯基便指示巴格拉米扬展开了强攻哥尼斯堡敌军的准备工作。

3月17日夜间，华西列夫斯基专门为战役开始时间问题与斯大林通了话。原来大本营给他们规定的攻城时间为不迟于3月28日，但那时南面的敌海尔斯贝格集团才刚刚被消灭，部队部署根本来不及。因此，他建议改为4月初，至迟不超过4月8日。后来，斯大林同意了，并答应派新任空军主帅诺维科夫空军上将前去当他的助手。

4月2日，苏军炮兵和航空兵的强大火力准备开始了。整个四天之内，"无论是白天还是黑夜，它们都没有过瞬息的停止，当时很难想象世界上还有'安静'两字的存在"。

城内的许多坚固建筑全被夷为废墟，各主要雷区也被炮击引爆了。

4月6日，经过四昼夜的毁灭性炮火轰炸，攻城部队的坦克和步兵向敌人发起了冲击。在冲击推进的过程中，方面军本身的徐进弹幕射击也给了突击集群以有力的掩护。

攻击开始以后，华西列夫斯基再也坐不住了，他离开了自己的指挥所，不间断地到第三十九、第四十三和近卫第十一集团军的指挥所去巡视和实地观察。当他发现第三十九集团军由北向南的突击不够有力时，立即调来了第五集团军到西北方向。

很快，两支部队便切断了哥尼斯堡和泽姆兰德半岛的敌军的有效联系。随后，第五十团军封锁了从东面入城的道路，近卫第十一集团军从城南方向的突击取得了相当的进展，第四十三集团军也从西北方向突入城郊地区。

第一天下来，敌人的指挥系统被打乱，但各堡垒和永备地下发射点内的敌军守备队仍在拼死抵抗。

7日是攻城战斗的决定性一天。仅在这一天中，方面军就出动了作战飞

机4700架次，向敌军阵地和堡垒投掷炸弹多达1500多吨。晚上又出动轰炸机1800架次，敌人的钢筋混凝土工事被炸塌了无数个缺口。

但即使这样，奉命不得撤退半步的敌军仍没有放弃垂死前的挣扎。最先从西面和南面突击要塞内层的苏军第四十三集团军和近卫第十一集团军部分部队，与敌军展开了空前的肉搏。晚上，城内的合围圈终于在城区的西面合拢了。到第三天上午，要塞内已有300多道街区为苏军所占领。

4月8日，为了避免更多的无谓牺牲，华西列夫斯基以方面军司令的身份向哥尼斯堡守敌发出了劝降最后通牒。然而，守敌仍然决心抵抗到底。这样，更加激烈的街区战斗在全城四面八方展开了。

由于苏军伤亡严重，华西列夫斯基决定，暂时放弃争夺所有市区的敌人筑垒，各步兵团队撤到指定街垒位置，以便明天实施加强轰击炮火与地毯式飞机轰炸。

9日清晨，5000门各种口径的大炮，1500架轰炸机几乎同时对有限的敌军固守区域进行了毁灭性打击！

不到一个小时，敌军的堡垒和建筑物内便越来越多地挂出了投降的白旗，待到轰击停止后，敌军成队成队地从筑垒工事里走了出来。到当天夜间，城市所有的敌人全部被肃清。

4月10日清晨，华西列夫斯基接到了斯大林在克里姆林宫打给他的祝捷电话。在电话里，最高统帅高兴地告诉他，他已被苏联最高苏维埃主席团授予"苏联英雄"的称号。同时，还准备为他颁发第二枚"胜利"勋章。

斯大林说："我祝贺您！华西列夫斯基元帅。希望您取得更大的成就！这就是全歼东普鲁士境内的法西斯匪帮。"

华西列夫斯基十分激动，他对党和国家给予的巨大荣誉表示感谢。

最后，他说道："斯大林同志，请放心。我将迅速执行您的指示，全歼泽姆兰德半岛上的残余敌军！"

确实，华西列夫斯基值得骄傲和自豪。要知道，在整个卫国战争期间，荣获过两枚苏军最高军事勋章——"胜利勋章"的只有三个人，除了他本人

外，再就是斯大林和朱可夫。

哥尼斯堡被攻克后，在整个东普鲁士就只剩下了敌军泽姆兰德集团。它在这时还有8个师的兵力，其中只有1个坦克师。而且，它已绝对地处在强大苏军的包围之中。海路上有波罗的海舰队的严密封锁；陆路则被白俄罗斯第三方面军围得铁桶一般；即使在空中也有终日不断的苏军航空作战飞机在他们头上盘旋巡视。鉴于敌泽姆兰德集团已经插翅难逃，4月11日，华西列夫斯基向他们发布了劝降通牒。然而，华西列夫斯基的这个要求没有在规定的时间内得到回答。

4月13日凌晨，华西列夫斯基命令预定的突击集团以双倍敌人的兵力发起了迅雷不及掩耳的强大攻势。按预先计划，突击地点选择在泽姆兰德半岛中部的费什豪森方向，目的是分割敌军集团，然后加以各个歼灭。担负主攻任务并从北向南并肩作战的是近卫第二、第十一集团军，第五、第三十九、第四十三集团军。

4月17日傍晚，泽姆兰德半岛上的德军被彻底肃清了。

4月25日，在波罗的海舰队的积极配合下，华西列夫斯基指挥白俄罗斯第三方面军攻克了皮拉岛。这是德军在泽姆兰德半岛上的最大港口，也是它在这里的最后一个要塞和据点。

至此，整个东普鲁士战役以苏军的最后全面胜利而告终。由此，希特勒法西斯德国在东方的最大防御堡垒彻底陷落了。

1945年4月27日，也就是当东普鲁士战役胜利结束后的第二天，华西列夫斯基就奉最高统帅部命令离开了白俄罗斯第三方面军。他知道，这次调离后等待他的将是更重大的使命，即由西线转赴东线，奔赴远东领导和指挥最高统帅拟议之中的未来对日作战。

挂帅远征

实施远东对日战役

　　远东苏军各方面军的部署为："满洲"西部边境的是外贝加尔方面军，方面军司令为马利诺夫斯基元帅，军事委员会委员为捷夫钦科夫中将。"满洲"东北部的是远东方面军（后改为远东第二方面军），方面军司令为普尔卡耶夫大将，军事委员会委员是列昂诺夫中将。部署在"满洲"东部边境的是滨海集群（后改称远东第一方面军），司令为麦列茨科夫元帅，军事委员会委员是什蒂科夫上将，参谋长是克鲁季科夫中将。

　　此外，参加远东苏军对日作战的还有尤马舍夫海军上将指挥的太平洋舰队和安东诺夫海军少将指挥的阿穆尔河区舰队。这两支舰队也受华西列夫斯基的苏联远东军总指挥部节制和指挥。

　　1945年7月30日，华西列夫斯基被任命为远东军总司令一职。实际上，从4月底至8月初，华西列夫斯基一直是以远东军总司令的身份在领导对日作战的一切准备工作。

　　但多数人并不知道此事，只是知道有一个"瓦西里耶夫上将作战组"。因为，在此间的一切公开场合，华西列夫斯基都是以副国防人民委员、大本营成员兼白俄罗斯第三方面军司令的身份出现的。

　　根据日本关东军的实际兵力及其部署状况，华西列夫斯基和总参谋部分析了敌人的弱点和优势，并以此为基础结合当时远东苏军的实际情况，展开了制订对日作战计划的全面工作。

　　其中主要一点是，经过请示最高统帅斯大林，根据远东新的敌我对比变化，他们提出了改防御为进攻的战略。

　　华西列夫斯基认为，现在对日作战已经完全不同于当年在库尔斯克弧形地带的对德作战。

　　现在，可以肯定地说，在德国投降后日军根本不敢再进攻苏联了，所以必须坚决地实施突击进攻才能最后消灭关东军。

　　华西列夫斯基认为，日本关东军的部署及其战略意图显然是守势，它在兵力配置和部署方面的最大弱点在于缺乏可靠的后方。关于日军的长处，华西列夫斯基认为，在滨海地区对面苏军可以实施进攻的各个方向上，已经全被关东军的筑垒防御和大量兵力所封锁。

　　经过对关东军的情况仔细研究之后，华西列夫斯基和总参谋部便初步确定了通过数路突击来分割敌军的总战略意图。这样做的优点在于，一是可以从敌人防御的薄弱地域利用快速兵团突击，从而一举插入敌后；二是在敌防御坚固地区的突击可以牵制住敌军的有效机动，在行进中消灭敌人的有生力量。

　　7月5日，华西列夫斯基飞到赤塔。这里是马利诺夫斯基的外贝加尔方面军司令部所在地。他的远东军总指挥部先期驻地就在距此西南方向25千米远的地方。后来，他的指挥部转移到了麦列茨科夫的远东第一方面军司令部那里。

　　8月8日，置身于远东前线的远东苏军总司令华西列夫斯基打电话到克里姆林宫。他向斯大林建议，应该把原来拟定的8月9日凌晨3时的进攻时间提前至0时10分，以增强进攻的突然性。斯大林同意了。

　　8月8日夜，远东苏军三个方面军按照统一计划隐蔽地进入进攻出发阵地。从8月9日零时10分至凌晨1时，苏军未经炮兵和航空兵火力准许就发起了全面进攻。

　　总攻发起以后，空军先后出动了两批共480架轰炸机，在歼击机的掩护下，对海拉尔、齐齐哈尔、哈尔滨、长春、吉林、沈阳等地的军事工业基地及铁路枢纽和机场等重要目标实施了集中轰炸。

　　日空军慑于苏军的威力，在战役的第一天就转移到南朝鲜和本土，所以苏军一开始就掌握了战区制空权，为地面部队顺利推进创造了有利条件。

　　8月9日零时10分，外贝加尔方面军各先遣支队越过边界，率先发动了进

攻。从拂晓开始，第一梯队各集团军分12路向东挺进。行动迅猛的近卫坦克第六集团军每昼夜前进达150公里，12日已纵深前进约400公里，越过了大兴安岭，前出至东北平原。

但这时油料告罄，装甲大军不得不在鲁北和突泉集结休整两天。得到情报的日军出动了86架轰炸机，进行了12次集中轰炸，击毁了苏军150辆坦克、27门火炮和42辆汽车。 直至14日，近卫坦克第六集团军才得到了空运的油料供应，重新恢复了进攻，左翼先头部队攻占洮南，歼灭伪满骑兵第一师，俘敌1300多人。

至此，近卫坦克第六集团军圆满完成了战役第一阶段的任务，打开了进

军日本关东军心脏地区的大门，从而加快了整个方面军的前进速度，为其他集团军的进攻创造了有利条件。

1945年8月14日，日本通过瑞士向各盟国发出了同意无条件投降的电报。同时，裕仁天皇在秘密录音室里录制了投降诏令的录音磁带，以备明晨向全世界播出。

然而，受到陆相阿南支持的以畑中少校为首的一批最狂热的军国主义分子，直至这最后的时刻仍然拒绝无条件投降。

是日深夜，他们以一个警备师的兵力发动了占领皇宫的叛乱。他们企图搜出天皇的投降诏令录音带和联席会议记录，结果没有找到要找的东西。

准备发起进攻的苏军

他们随后又向主和派官员大开杀戒，铃木首相和平沼议长是他们的首选目标。可是，赶到两家后，首相和议长都事先躲出去了。于是，叛乱者愤怒地烧掉了他们的住宅。

至15日清晨，叛乱被田中中将为首的东部军区部队平息。

叛乱主要首领畑中、幸贺等被命令剖腹自杀。随后，阿南陆相也被迫剖腹自杀谢罪。

8月14日深夜，在得到了日本政府决定全部接受波茨坦公告条件的报告后，斯大林立即打电话通知了总参谋部的安东诺夫和远东前线的华西列夫斯基。

他特别提醒华西列夫斯基说："请注意明日以后日军在战场上的行动。如果对方放下武器投降，苏军必须以人道主义待之；如果日军仍继续顽抗，则坚决彻底地消灭之。"

得此消息，华西列夫斯基高兴异常。

在他看来，狂妄的日本军国主义终于招架不住了，这也许是它比西方战争狂徒希特勒明智的地方所在。

但是，他也同时感到，中国东北战场上实力尚未完全消耗的日本关东军，是不会立即放下武器投降就俘的。就是说，今后的任务将更加复杂化了。

果然不出所料，所有各个作战方向上的日军在15日这一天都没有停止战斗的任何表示，有些地段上的战斗仍旧十分激烈。

当天晚上，华西列夫斯基将这一情况如实地报告了斯大林和大本营。总参谋部也向斯大林报告说，并未发现有日本军部给关东军和其他各作战部队下达停战令。对此，似乎也在斯大林的预料之中。他显得非常镇静，处理起来也极为轻易。他指示安东诺夫说，应该立即在报纸上对战场的实际情形加以说明，同时命令各作战部队，在敌人尚未在实际上无条件投降以前仍应继续采取积极行动。

在随后的几天里，华西列夫斯基下达命令给马利诺夫斯基、麦列茨科夫、普尔卡耶夫，要求其所属各前线部队继续按计划发展进攻，坚决消灭一切尚在顽抗中的敌军。

于是，至19日日终时，整个方面军已经前出到了赤峰、沈阳、长春和齐齐哈尔一线，其所占领地域已经接近60多万平方千米。

远东第二方面军所属各部，在这几天内占领了北满战略重镇佳木斯，沿松花江溯流而上直取哈尔滨的进攻也态势良好。此外，太平洋舰队已牢牢地封锁住了朝鲜北部沿岸。

至8月17日，山田司令官终于意识到继续抵抗已经毫无意义，乃于15时通过关东军司令部的广播电台向华西列夫斯基提出了进行停战谈判的请求。

这时，距他接到日本大本营停战令已经过去了近23个小时。日本关东军司令部在广播中说：

为了尽快实现停止军事行动的命令，我们关东军首长今晨颁布命令，以便我方代表乘坐的飞机能在8月17日10至14时之间飞往牡丹江、密山、穆棱，同苏联红军当局建立接触。关东军司令部希望这一措施不致引起任何误会。

两个小时后，华西列夫斯基又收到了山田本人亲自签署的无线电报，说他已命令所属部队立即停止军事行动，向苏军交出武器。

又过了两个小时，即19时，日军飞机在远东第一方面军驻地地段上投下了两个通信筒。筒内装有日军第一方面军司令部关于停止军事行动的要求。

然而，在整个远东苏军的其他大多数作战地段上，日军仍在做着顽强的反抗。鉴于此，华西列夫斯基当即发电报给山田司令官，命令其在8月20日12时起在全线停止对苏军的任何战斗行动，并缴械投降。

同时，华西列夫斯基下达命令给麦列茨科夫，要求他派出代表到牡丹江和穆棱两地的机场，授权他们通知关东军司令部的代表，明确告知对方，只有当日军开始投降缴械时，苏军的军事行动才能停止。

应该指出的是，华西列夫斯基所采取的这种拖延受降期限的做法，在一方面，确实有他向山田等日军方面所名正言顺地解释的成分，即很多地段上

的日军并没有停止抵抗，山田也没明说要缴械投降，另外担心关东军司令部的命令不能按时送达各部队，等等。

一般地说，这些是基本可以成立的。但是，在另一方面，这里也有苏联政府和华西列夫斯基的另外打算，这就是，趁日军混乱之际更多地占领原日军所盘踞的地区，其中尤其是中国东北各大中心城市与各铁路沿线，包括整个中东铁路全线，即长春至旅顺口这一线正是苏联的未来利益所在。

这样，即可以对英美等盟国夸口自己全部消灭了关东军部队，又可以向国民政府说是它帮助解放了东北全境，以在中苏互助同盟条约的双方谈判时增加自己的砝码。

此外，他们还可以更多地从这些地区最大限度地掠取财富——名义上是对日作战的"战利品"。

18日晨3时许，山田再次致电华西列夫斯基，答复苏军说，日本关东军将立即向苏联远东军履行一切投降条件。

山田还说，关东军司令部已经在答复总司令阁下的同时向所属各部队下达了相应的命令。

当天上午，华西列夫斯基就开始接到有关前线苏军指挥部的报告。报告说，从上午8时起，很多前一天还在激烈抵抗的日军师团，纷纷派来代表商谈受降事宜。

鉴此，华西列夫斯基深感形势逼人，必须采取非常措施来组织和实施这样空前巨大的突击占领和受降活动。为此，他立即向各方面军首长下达了用快速支队占领长春、沈阳、吉林、哈尔滨等大城市的命令。

后来，他又向各方面军首长提出，对重要的军事目标和工业目标的占领，还必须立即组织精干的伞兵分队，以它们为先导而迅速执行快速支队的先期任务。

远东时间19日15时30分，在麦列茨科夫元帅的陪同下，苏联远东军总司令华西列夫斯基与秦彦三郎和宫川举行了关于日军在整个东北和朝鲜地区无条件投降事宜的谈判。

华西列夫斯基向秦彦提出了投降程序的要求，指定了受降的集合点、行动路线和具体时间。

秦彦立即表示接受苏军的安排。他还向华西列夫斯基解释说，某些日军部队所以未及时执行缴械命令，是由于关东军当局没能把投降令传达下去。因为关东军司令部在苏军发起进攻的第二天，就已经失去了对某些部队的指挥。

华西列夫斯基还警告他说，所有日军的投降必须有组织地进行，包括军官在内一并转交苏军，不得有任何差错之处。

在整个谈判过程中，秦彦三郎俯首帖耳，唯唯诺诺。对华西列夫斯基的每项要求，总是连连点头称是，甚至不惜卑躬屈膝。

至8月底，以消灭日本关东军有生力量、解放中国东北地区和朝鲜为目的的远东战役，胜利地结束了。不仅日本关东军彻底败亡了，整个日本军国主义的战争机器也被全部打碎了。

华西列夫斯基和所有参加这次远东作战的苏军全体将士一样，每人都获得了一枚"战胜日本"奖章。此外，他再次被授予"苏联英雄"的光荣称号。

图书在版编目（CIP）数据

　　元帅韬略：第二次世界大战著名元帅 / 胡元斌主编
. ——北京：台海出版社，2013.8（2021.5重印）
　　（第二次世界大战纵横录）
　　ISBN 978-7-5168-0249-6

　　Ⅰ.①元… Ⅱ.①胡… Ⅲ.①第二次世界大战—元帅
—生平事迹 Ⅳ.①K815.2

　　中国版本图书馆CIP数据核字(2013)第188569号

元帅韬略：第二次世界大战著名元帅　　　第二次世界大战纵横录

主　编：胡元斌　严　锴

责任编辑：姜　航　　　　　　　　装帧设计：大华文苑
版式设计：大华文苑　　　　　　　责任印制：严欣欣　吴海兵

出版发行：台海出版社
地　址：北京市东城区景山东街20号　　　邮政编码：100009
电　话：010—64041652（发行，邮购）
传　真：010—84045799（总编室）
网　址：www.taimeng.org.cn/thcbs/default.htm
E-mail：thcbs@126.com

经　销：全国各地新华书店
印　刷：北京九天鸿程印刷有限责任公司
本书如有破损、缺页、装订错误，请与本社联系调换

开　本：710×1000　　　1/16
字　数：210千字　　　　　　　　　　　印　张：13
版　次：2014年1月第1版　　　　　　　印　次：2021年5月第4次印刷
书　号：ISBN 978-7-5168-0249-6

定　价：48.00元